2030年の人事管理

林 明文
［編著］
古川拓馬・坂下幸紀・小野寺真人・南城三四郎・田頭 悠・関根 愛
［著］

中央経済社

目次

第1部　2030年に向けて起こる5つの変化

第12章

継続施策となる人員削減

第13章

10年後の働き方

第14章

健康経営とは

第1部

2030年に向けて起こる5つの変化

プロローグ

大転換が求められる企業人事

近年日本では様々な大きな環境変化が起きました。バブル経済崩壊、リーマンショック、東日本大震災、新型コロナ蔓延などが代表的なものです。これらの環境変化は企業経営に大きな影響を与え、企業はその時々にダイナミックな経営施策をとることを強いられました。このような経済、社会的な環境変化は、市場の縮小や質的変化をもたらし、その結果、必要な人材、人数が変化したことで、企業は人事制度の改革や雇用施策を実施しなければなりませんでした。予測はできませんが、今後も経済、社会的に大きな変化が発生することになるでしょう。

このような経済、社会的変化とともに、近年ではテクノロジーの進化が、今後の経営、人事に極めて大きな影響を与えることになります。凄まじいテクノロジーの進化は、仕事そのものを大きく変えてしまうほどのインパクトがあります。現在、人が行っている仕事は、２０３０年には今と比較できないくらい変容していると予想されます。

さらに日本固有の変化もあります。２０２０年前後より、歴史的に見て日本の国力、人口がマイナス局面に入り始め、何もしなければ急速にそのマイナスベクトルが大きくなります。例えば、現在の人口は1億２０００万人強ですが、２０５０年には1億人を割り込むほど急速に減少します。逆に世界では人口が爆発的に増加することになります。その結果、日本の世界における存在感は、現在でも小さくなっていますが、今後何十年かで極めて小さいものになってしまいます。

このような変化に伴い、雇用形態の多様性、労働環境整備が進むことにより、日本人の仕事観、生活観が変化し、その結果、生活スタイルも変化し続けるでしょう。

過去30年の環境変化と比較すると、今後の環境変化は激変とも言える大きな変化となります。企業はさらなる成長、生き残りのために、経営方針・計画を大きく変えることになります。また、経営方針・計画の大きな変化により、企業の人事管理もより大きな改革が必要となります。現在の人事管理と2030年の人事管理を比較すると、連続的に進化したものとは異なるレベルに発達していることが求められます。企業経営もそうですが、人事管理はかつてない大転換が必須ということです。

今後の経営、人事管理を考える上で、ある程度具体的にイメージがしやすい2030年を想定し、主要な環境変化を整理してみましょう。大きな環境変化として、「日本のプレゼンスの低下」「人口減少・少子高齢化」「企業戦略の転換」「テクノロジーの進化」「ライフスタイルの変化」の5つが考えられます。これらの環境変化を再認識し、その変化に対応するための新たな人事管理を早急に構築する必要があります。過去の人事管理の常識を捨て、変化を的確に予想し、新たなスタイルを早急に構築できる企業は、経営資源管理の重要分野である人事基盤が整備されているという観点から、さらなる成長が望めるでしょう。

第1章

日本はアジアの小国へ——変化①

1　世界経済の中心は欧米からアジアへシフト

２０３０年に向かって、世界経済は大きく変化していきます。これまで、経済の中心は欧米の２極集中の時代が戦後以降長く続いてきましたが、中国経済の台頭をはじめとして様々な新興国の経済成長が促進され、多極体制に移りつつあります。

特に、今後は世界経済の中心は、徐々にアジアになっていき、アジアの時代が到来することが見込まれています。アジア全体のＧＤＰ比率は１９８０年には20％弱しかなかったものが、２０３０年には40％近くにまで上昇していきます。アジアでも最大の経済規模を誇る中国のＧＤＰは、２０２０年代にはアメリカを抜き、世界第1位の経済規模となることはほぼ間違いない状況です。南アジアやＡＳＥＡＮの国々は、平均年齢が若い国が多いため、今後生産年齢人口の比率が上昇する、いわゆる人口ボーナスの期間で、労働投入量の増加と現役世代の拡大に伴い、消費や投資が促進されることで経済発展に大きく寄与します。また、生産年齢人口の増加に加えて中間層も拡大していくため、経済成長の牽引になってきます。このままいけば、中国だけでなくインドおよびＡＳＥＡＮの経済規模も２０３０年までに日本のＧＤＰを上回る可能性が十分に想定される状況です（**図表1-1**）。

このように、今後の世界経済は、アメリカの影響力は依然として強いものの、欧米の主要先進国が成熟期に入って安定成長を続ける中で、相対的にアジアのプレゼンスが高まっていく見込みです。中国だけでなく、インドやＡＳＥＡＮといった国々はそれぞれ内政上のリスクは抱えながらも今後も高

図表1-1　主要国の世界GDPシェア

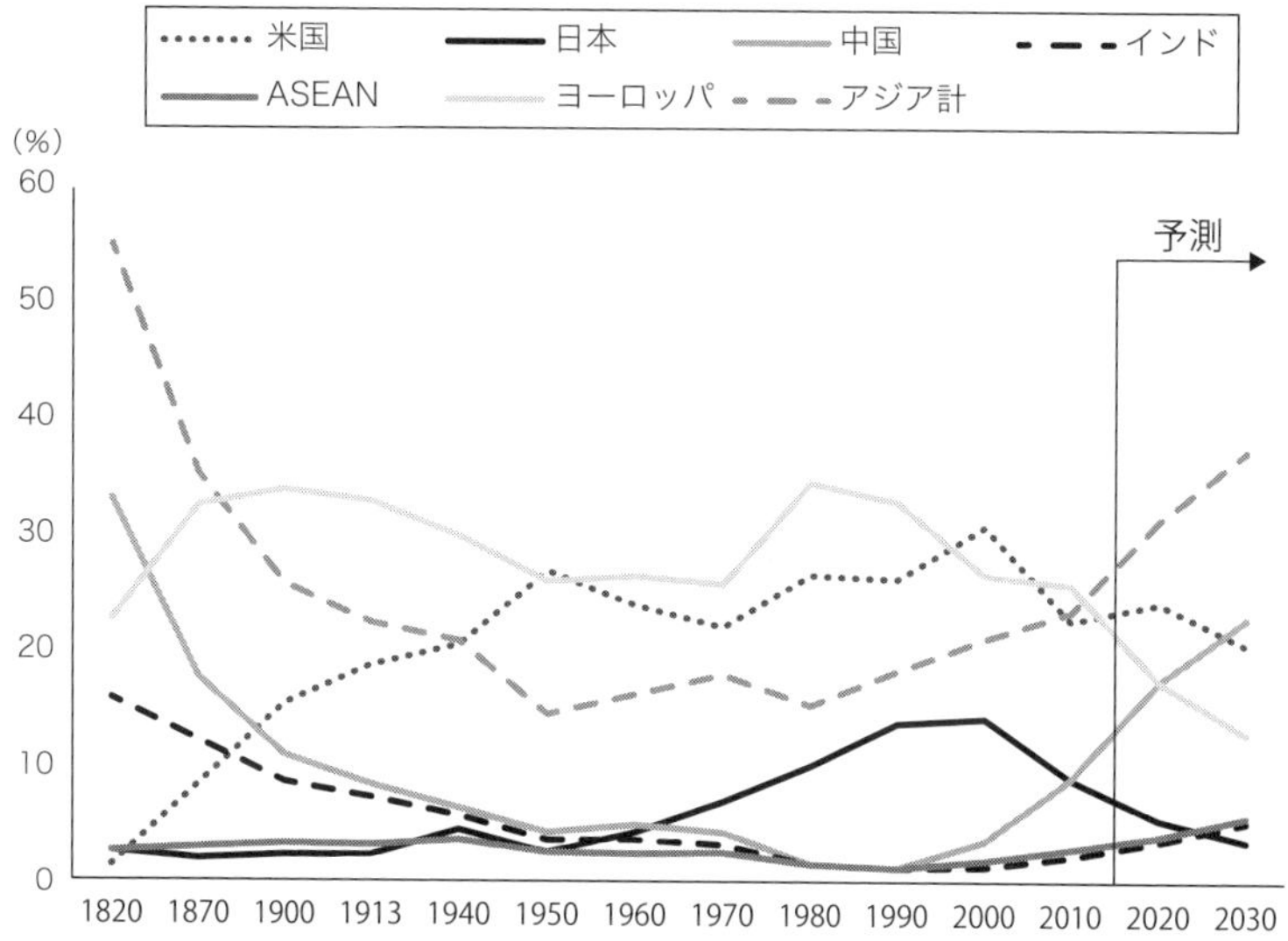

出典：三菱総合研究所（2018）

い経済成長が予測されており、世界経済におけるプレゼンスは間違いなく高まっていきます。

2　現在の日本はすでに経済大国ではなくなっている

現在、世界的に影響力や規模が大きい企業として思いつくのはどのような企業でしょうか。おそらくＧＡＦＡＭ（Google・Amazon, Facebook, Apple, Microsoft）といったＩＴ企業のプラットフォーマーが思いつくと思います。さらには、昨今成長著しい中国企業のアリババやテンセントといった企業も想起するのではないでしょうか。このような中に日本の企業を思い浮かべる人はほとんどいないでしょう。しかし、今から約30年前の平成元年（１９８９年）は、現在からは想像もできないですが、多くの日本企業が世界の中心となっていたのです。

企業価値の大きさを判断する指標として最も

わかりやすい時価総額（株価×発行済み株式数）を見てみると顕著です。なんと、平成元年（1989年）の世界第1位はNTTとなっており、時価総額でも圧倒的な1位です。しかも、ランキングの上位5社はすべて日本企業で占められていたのです。さらに、上位50社の中で日本企業は32社も入っています。ちなみにその他は、アメリカの企業が17社でイギリス企業が1社です。まさにバブル景気と言われた好景気の時代を反映しており、日本の世界に対する影響力がいかに高い時代だったのかがよくわかります。まさにエズラ・ヴォーゲルの書籍『ジャパン・アズ・ナンバーワン』を体現していた時代と言えます。この時期は、しばしば日本の経営方法が世界的に参考にされ、日本式経営が絶賛されていた時代です。

一方、2019年時点の時価総額ランキングを見ると、ランクインしている企業が驚くほどに変化しています。上位5社を独占していた日本企業は姿を消してしまい、唯一、11位だったトヨタ自動車が46位に入っているだけです。時価総額の上位50社の中で日本企業は1社しかランクインしない状況になってしまったのです。日本経済の世界的な影響力は凋落したといって過言ではないでしょう（**図表1－2**）。

日本は今でも経済規模（GDP）で見ると、アメリカ、中国に続き第3位なので、現在も経済大国との認識を持っている方も多いかもしれません。確かに規模だけで見れば、世界第3位の経済大国であるとの理解は正しいと言えますが、国民1人ひとりの経済的な豊かさを見るには、1人当たりGDPを用いることが一般的です。

図表1-2 世界時価総額ランキング

世界時価総額ランキング（平成元年）

順位	企業名	時価総額（億ドル）	国名
1	NTT	1,638.6	日本
2	日本興業銀行	715.9	日本
3	住友銀行	695.9	日本
4	富士銀行	670.8	日本
5	第一勧業銀行	660.9	日本
6	IBM	646.5	アメリカ
7	三菱銀行	592.7	日本
8	エクソン	549.2	アメリカ
9	東京電力	544.6	日本
10	ロイヤル・ダッチ・シェル	543.6	イギリス
11	トヨタ自動車	541.7	日本
12	GE	493.6	アメリカ
13	三和銀行	492.9	日本
14	野村證券	444.4	日本
15	新日本製鐵	414.8	日本
16	AT&T	381.2	アメリカ
17	日立製作所	358.2	日本
18	松下電器	357.0	日本
19	フィリップ・モリス	321.4	アメリカ
20	東芝	309.1	日本
21	関西電力	308.9	日本
22	日本長期信用銀行	308.5	日本
23	東海銀行	305.4	日本
24	三井銀行	296.9	日本
25	メルク	275.2	アメリカ
26	日産自動車	269.8	日本
27	三菱重工業	266.5	日本
28	デュポン	260.8	アメリカ
29	GM	252.5	アメリカ
30	三菱信託銀行	246.7	日本
31	BT	242.9	イギリス
32	ベル・サウス	241.7	アメリカ
33	BP	241.5	イギリス
34	フォード・モーター	239.3	アメリカ
35	アモコ	229.3	アメリカ
36	東京銀行	224.6	日本
37	中部電力	219.7	日本
38	住友信託銀行	218.7	日本
39	コカ・コーラ	215.0	アメリカ
40	ウォルマート	214.9	アメリカ
41	三菱地所	214.5	日本
42	川崎製鉄	213.0	日本
43	モービル	211.5	アメリカ
44	東京ガス	211.3	日本
45	東京海上日動火災保険	209.1	日本
46	NKK	201.5	日本
47	アルコ	196.3	アメリカ
48	日本電気	196.1	日本
49	大和証券	191.1	日本
50	旭硝子	190.5	日本

出典：米『ビジネスウィーク』1989年7月17日号

世界時価総額ランキング（平成30年）

順位	企業名	時価総額（億ドル）	国名
1	アップル	9,409.5	アメリカ
2	アマゾン・ドット・コム	8,800.6	アメリカ
3	アルファベット	8,336.6	アメリカ
4	マイクロソフト	8,158.4	アメリカ
5	フェイスブック	6,092.5	アメリカ
6	バークシャー・ハサウェイ	4,925.0	アメリカ
7	アリババ・グループ・ホールディング	4,795.8	中国
8	テンセント・ホールディングス	4,557.3	中国
9	JPモルガン・チェース	3,740.0	アメリカ
10	エクソン・モービル	3,446.5	アメリカ
11	ジョンソン・エンド・ジョンソン	3,375.5	アメリカ
12	ビザ	3,143.8	アメリカ
13	バンク・オブ・アメリカ	3,016.8	アメリカ
14	ロイヤル・ダッチ・シェル	2,899.7	イギリス
15	中国工商銀行	2,870.7	中国
16	サムスン電子	2,842.8	韓国
17	ウェルズ・ファーゴ	2,735.4	アメリカ
18	ウォルマート	2,598.5	アメリカ
19	中国建設銀行	2,502.8	アメリカ
20	ネスレ	2,455.2	スイス
21	ユナイテッドヘルス・グループ	2,431.0	アメリカ
22	インテル	2,419.0	アメリカ
23	アンハイザー・ブッシュ・インベブ	2,372.0	ベルギー
24	シェブロン	2,336.5	アメリカ
25	ホーム・デポ	2,335.4	アメリカ
26	ファイザー	2,183.6	アメリカ
27	マスターカード	2,166.3	アメリカ
28	ベライゾン・コミュニケーションズ	2,091.6	アメリカ
29	ボーイング	2,043.8	アメリカ
30	ロシュ・ホールディング	2,014.9	スイス
31	台湾・セミコンダクター・マニュファクチャリング	2,013.2	台湾
32	ペトロチャイナ	1,983.5	中国
33	P&G	1,978.5	アメリカ
34	シスコ・システムズ	1,975.7	アメリカ
35	トヨタ自動車	1,939.8	日本
36	オラクル	1,939.3	アメリカ
37	コカ・コーラ	1,925.8	アメリカ
38	ノバルティス	1,921.9	スイス
39	AT&T	1,911.9	アメリカ
40	HSBC・ホールディングス	1,873.8	イギリス
41	チャイナ・モバイル	1,786.7	香港
42	LVMHモエ・ヘネシー・ルイ・ヴィトン	1,747.8	フランス
43	シティグループ	1,742.0	アメリカ
44	中国農業銀行	1,693.0	中国
45	メルク	1,682.0	アメリカ
46	ウォルト・ディズニー	1,661.6	アメリカ
47	ペプシコ	1,641.5	アメリカ
48	中国平安保険	1,637.7	中国
49	トタル	1,611.3	フランス
50	ネットフリックス	1,572.2	アメリカ

出典：『週刊ダイヤモンド』2018年8月25日号

１９９６年の時点では主要先進７ヵ国の中ではアメリカに次ぐ水準にまで高かった１人当たりＧＤＰは、経済的停滞に陥った１９９０年代後半からどんどん下がっていき、先進国36ヵ国で構成されるＯＥＣＤ（経済協力開発機構）加盟諸国の中で見ると、２０１８年時点で18位にまで落ちてしまったのです。１人当たりＧＤＰ額は、主要先進７ヵ国の中ではわずかにイタリアを上回る程度で、その他の国の後塵を拝しています。日本は、約30年前は世界に名だたる経済大国と言えましたが、それも昔の話で、現在ではアジアの中のただの１国になってきているのです。

今後の日本は、２００８年にピークアウトを迎えた人口が減少し続けていくことが予想されています。直近は、景気拡大を背景にした労働参加率が上昇している傾向にありますが、２０３０年に向けて人口減少はさらに進み、経済成長の足かせになってきます。しかも、海外の各企業が生産および開発拠点を需要地に近い立地に移す流れはさらに加速していくため、資本ストックの伸びも鈍化していき、成り行きで考えた場合の日本経済は、ほぼゼロ成長近くまでになってしまいます。

このように、日本経済はかつてのような成長をするどころか、どんどん停滞していきますが、世界経済全体は今後も成長を続けていくことになります。それはなによりも、世界全体における日本のプレゼンスが低下していき、日本はアジアの小国になっていくことを意味します。

最近では、日本は経済的な成長を目指すよりも、国民の幸福度をより高めていくことのほうが重要であるとの考え方も出てきています。この幸福度という考え方は非常に重要で参考にすべきではありますが、幸福度という主観的な感覚を測定することには常に難しさが存在します。一般的には、幸福に関係する指標を集めて統合して幸福度のモデルを作るやり方で幸福度を測定しますが、万人が納得するような指標は、幸福という概念が主観的である以上設定が困難になります。また、民主党政権の鳩山内閣時代に幸福度に関する研究が進められ、どのような人が幸福を感じているのか分析されましたが、結局は所得が高い人が幸せで、幸福度が高いことがわかりました。要するに、経済的な成長は幸福度という観点においても重要であることは変わらないということです。

3　日本経済停滞の要因は人口減少と生産性の低さ

日本経済はバブル崩壊以降、経済が長期停滞に陥り、「失われた10年」どころか「失われた30年」と言われるほどデフレが長期継続しています。２０１２年の安倍政権は「デフレ脱却」を経済政策の中心に掲げて発足し、大規模な金融緩和と財政政策を中心に、いわゆるアベノミクスと言われる経済政策を行いました。その結果、２０１２年12月から２０１８年10月までの71ヵ月もの長期の景気回復期間が継続し、緩やかな経済成長となりました。景気回復の期間だけで見ると、戦後最長の「いざなみ景気」に次ぐ長期間で、日本経済は立ち直ったかのようにも思われましたが、実際にはデフレ脱却の宣言を未だに出すことができていません。また、新型コロナウイルスによる影響で世界全体の経済活動がストップし、今後の回復も不透明な状況になっており、日本経済もオリンピックの開催延期を含め極めて大きな影響が出ています。今後、２０３０年に向けて日本経済が順調に成長していく保証はどこにもないのです。

それでは、日本経済がバブル崩壊以降の長期にわたって停滞を続けてきた理由はどこにあるのでしょうか。一般的に経済成長を考える時には、２つの要因について考えるとわかりやすくなります。１つ目は人口増加の要因、２つ目は労働生産性向上の要因です。

１つ目の人口増加要因は、労働人口が多くなることによってトータルの付加価値が増え、経済成長につながるという理屈です。人口が増加している国は、人口が経済成長のプラスになっているということで人口ボーナス期と言われるように何もしなくても一定の経済成長を見込むことができます。この人口増加要因の観点で日本を見た場合、経済が長期停滞に入った１９９０年代は、ちょうど人口ボーナス期間が終わり、生産年齢人口が毎年減少していき経済成長において人口が足かせになる人口オーナス（負荷）期になった時期です。この少子高齢化の進展の詳細は次節で詳しく説明することにします。

２つ目の労働生産性は非常に大きな問題です。アメリカのように未だに人口が増加し続けている国もありますが、一般的には人口増加による経済成長は主要先進国であれば難しくなります。人口が増加しなくなったとしても、労働生産性が向上しているのであれば経済成長を継続させることができるため、主要先進国の場合は労働生産性をいかに向上させていくかが経済成長をする上で極めて重要になってきます。しかし、１９９０年代以降の日本は、人口増加がストップしただけでなく、労働生産性の向上が他の主要先進国に比較して非常に低いことが経済成長の足かせになっているのです。この日本の労働生産性が低い要因としては主に、企業および人（働き方・就業構造）の新陳代謝が進まず硬直的なことだと言われています。

4　世界的に見て低すぎる日本の労働生産性

今後、人口減少していくことが避けられない日本が、労働力の供給制約下の中で経済成長をしていくには、設備投資による資本ストックの増加に加えて、１人が生み出す付加価値を向上させることが不可欠となります。１人当たりが生み出す付加価値の向上とは、つまり労働生産性を向上させるということです。労働生産性の上昇によって付加価値が上昇すると、その上昇分が賃金への分配にもいくため、それが消費の拡大へとつながり、経済成長に寄与していくことになります。

人口オーナス期の日本にとって労働生産性は極めて重要な指標ですが、実は国際的に見た日本の労働生産性は非常に低い状況が現実です。ＯＥＣＤ加盟の36ヵ国の中で21位となっており、主要先進国の中では最も低い水準になっています。

さらに、最近では単純な労働生産性だけでなく、より短時間で効率的に仕事を行うといった観点から時間当たりの労働生産性も重要視されるようになってきていますが、この時間当たり労働生産性においても日本の順位は21位となっています。量の面でも質の面でも労働生産性が低いことがよくわかります。

これまでの多くの日本企業は、戦後復興から高度経済成長にかけて、素晴らしい現場力とローコストによって「安かろう、良かろう」を実現してきました。人口増加を背景にして大量生産型で連続的な改善・改良を行うことで飛躍的な経済成長を実現してきましたが、それは何よりも人口増加している環境下では良かったと言えますが、現在はマイナスに作用してしまいます。「高い品質のモノを安く売る」ことは、日本では素晴らしいことのように語られることが多いですが、労働生産性を上げるにはこの考え方から脱却していく必要があります。

日本経済が絶頂期だった1990年代は、東西冷戦の終結によってグローバル化やデジタル化が急速に進展しました。特に世界最大の人口を誇る中国が市場経済圏に参入し、世界中のメーカーが「世界の工場」として一気に中国に生産拠点を移しました。また、インターネットの普及によって、これまでの主要企業が劇的に変わり、ビジネスモデルや産業構造、ビジネスの競争ルールそのものが変わっていくような、破壊的な変化が生じていたのですが、その変化に日本が対応できなかったことはすでに自明となっています。

5　今後日本経済が発展していくためには

人口減少が不可避な中で、今後も日本経済を拡大させていくためには、1人当たりの労働生産性をいかに最大化していくことができるかにかかっています（**図表1-3**）。労働生産性を高めるには大きく2つの方法があります。より少ない人数で効率的に生産していく方法と、付加価値の高い製品やサービスを生産する方法です。

現在、人手不足になっている企業がすでに多い中で特に注目されているのが、1つ目の効率化による労働生産性の向上施策です。具体的には、AI、RPA、ビッグデータ等々の導入によってこれま

図表1-3　１人当たり労働生産性・時間当たり労働生産性

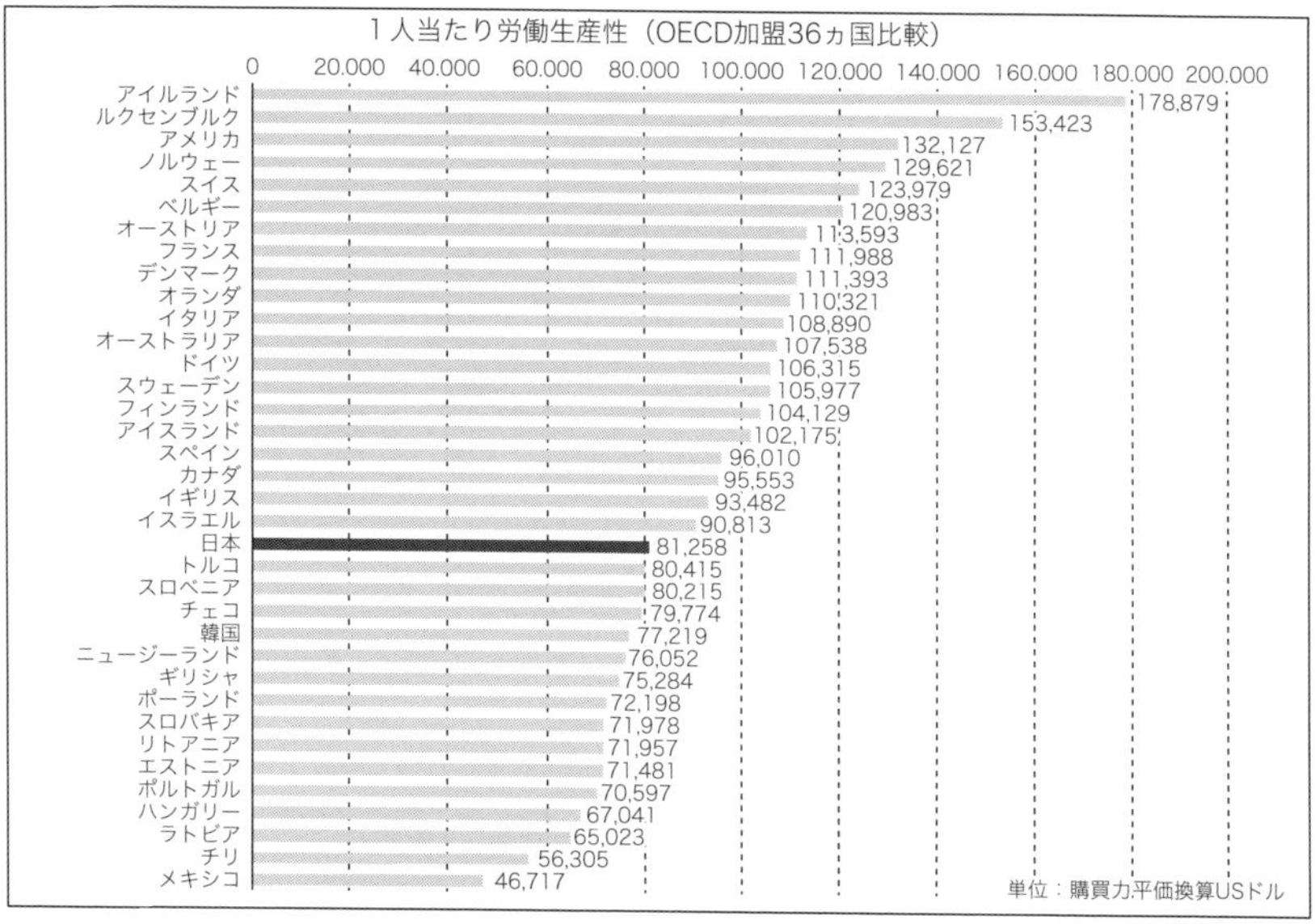
１人当たり労働生産性（OECD加盟36ヵ国比較）
0
20.000
40.000
60.000
80.000
100.000
120.000
140.000
160.000
180.000
200.000
アイルランド 178,879
ルクセンブルク 153,423
アメリカ 132,127
ノルウェー 129,621
スイス 123,979
ベルギー 120,983
オーストリア 113,593
フランス 111,988
デンマーク 111,393
オランダ 110,321
イタリア 108,890
オーストラリア 107,538
ドイツ 106,315
スウェーデン 105,977
フィンランド 104,129
アイスランド 102,175
スペイン 96,010
カナダ 95,553
イギリス 93,482
イスラエル 90,813
日本 81,258
トルコ 80,415
スロベニア 80,215
チェコ 79,774
韓国 77,219
ニュージーランド 76,052
ギリシャ 75,284
ポーランド 72,198
スロバキア 71,978
リトアニア 71,957
エストニア 71,481
ポルトガル 70,597
ハンガリー 67,041
ラトビア 65,023
チリ 56,305
メキシコ 46,717
単位：購買力平価換算USドル

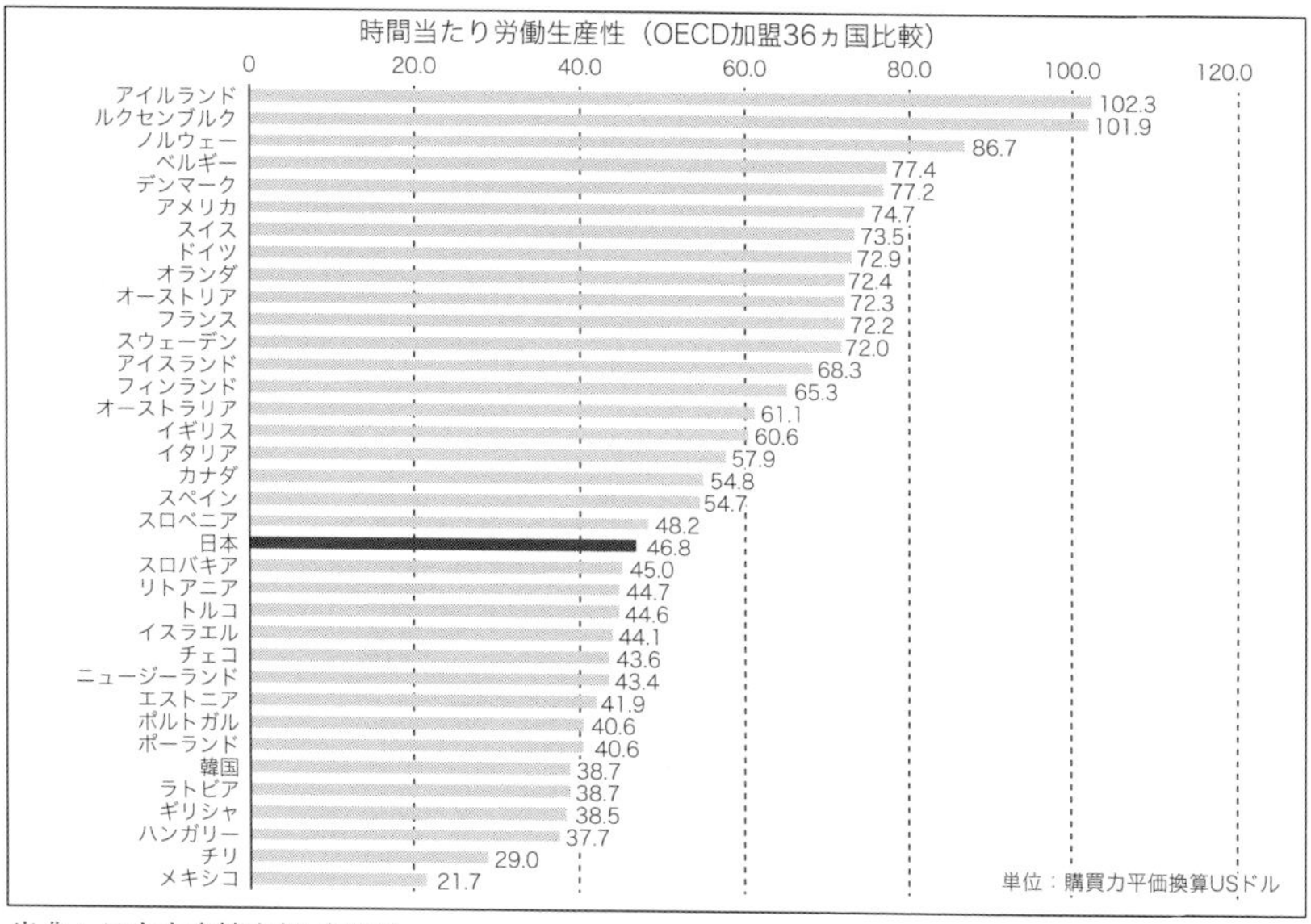
時間当たり労働生産性（OECD加盟36ヵ国比較）
0
20.0
40.0
60.0
80.0
100.0
120.0
アイルランド 102.3
ルクセンブルク 101.9
ノルウェー 86.7
ベルギー 77.4
デンマーク 77.2
アメリカ 74.7
スイス 73.5
ドイツ 72.9
オランダ 72.4
オーストリア 72.3
フランス 72.2
スウェーデン 72.0
アイスランド 68.3
フィンランド 65.3
オーストラリア 61.1
イギリス 60.6
イタリア 57.9
カナダ 54.8
スペイン 54.7
スロベニア 48.2
日本 46.8
スロバキア 45.0
リトアニア 44.7
トルコ 44.6
イスラエル 44.1
チェコ 43.6
ニュージーランド 43.4
エストニア 41.9
ポルトガル 40.6
ポーランド 40.6
韓国 38.7
ラトビア 38.7
ギリシャ 38.5
ハンガリー 37.7
チリ 29.0
メキシコ 21.7
単位：購買力平価換算USドル

出典：日本生産性本部（2019）

で人が行っていた作業を機械に代替し、なるべく省力化や自動化をしていくことで効率性を上げていく方法です。すでに多くの企業でこのような自動化や機械化に向けた投資を積極的に行っていますが、まだまだ試行錯誤の段階です。

ただし、生産性向上の取組みによって効率化だけを進めていっても経済規模の拡大にはつながりません。要するに、少ない労働投入によって労働生産性を向上させたとしても、それによって企業活動自体も縮小してしまっては本末転倒になるからです。そのため、自動運転化の研究開発への積極的な投資といったような、製品やサービスの付加価値を高めていく取組みも同時に行っていくことが必要になります。これが、2つ目の方法です。このように、既存の製品やサービスの効率化や省力化に取り組むことで労働生産性を向上させながら、効率化、省力化によって余った労働力を新たに新規事業に投入することで、付加価値を向上させていき、経済規模の拡大を図っていくことが重要になります。

このような取組みは、1企業の取組みだけでなく国レベルでも行っていく必要があります。近年、人手不足が顕著になっている小売業や飲食業、建設業、運送業といった業界は、今後もこの人手不足状況は継続していきます。さらに、高齢化の進行によって医療・福祉・介護業界は今後さらに需要が高くなっていくことが予想されています。労働力の供給に制約がある中で、このような人手が不足する業界にいかに効率的に労働力をシフトしていけるかが重要になってきます。

また、人口減少によって日本の内需は、何もしなければ現状維持もしくは減少していくことが懸念されていますが、今後、経済成長をしていくために期待されているのは輸出を増加させることによる外需の取り込みです。この輸出を増加させて外需を取り込むための方法として期待されるのは、貿易自由化の促進です。ＦＴＡ（諸外国との自由貿易協定）を締結することは、今後も成長が見込まれる国々の需要を取り込むためのビジネスチャンスとなり、輸出の増加につながります。

日本では、ＦＴＡの１つであるＴＰＰ（環太平洋経済連携協定）への加盟が２０１０年以降大きな議論となり、現在はＴＰＰ11として協定が締結され、今後の自由貿易の促進による輸出のさらなる拡大が期待されています。ＴＰＰを含めた諸外国とのＦＴＡによる自由貿易の促進は、今後の日本経済の発展には不可欠になっています。

自由貿易が促進されると、単純に輸出が促進されるだけでなく、日本国内の競争も促進され、日本経済の活性化につながります。輸出企業は、厳しい国際競争を勝ち抜くことで生産量を拡大することができます。また、海外からの輸入が増加すると、国内企業は現在よりもより厳しい競争環境に置かれることになります。これまで関税による参入障壁に守られていた企業は、海外企業との競争に勝ち残るために効率化や労働生産性の向上を図らざるを得なくなります。このように、グローバル化を一層促進させていくことによって自由貿易を拡大していくことは、輸出入の拡大と併せて、日本経済の効率化や付加価値の増大にもつながります。

一方、日本が今後さらにグローバル化をしていくには課題もあります。戦後以降の日本の産業構造は、労働集約型産業→資本集約型産業→知識集約型産業へとシフトしてきましたが、現在は新興国含めた世界各国の産業が、高付加価値化、知識集約化へ急速に向かっています。新興国は、これまでの経済発展のパターンの順に沿って発展していかず、「カエル飛び」のように一気に世界のトップに躍り出るようなリープフロッグ型発展によって、劇的な経済発展をしていく可能性もあります。

図表1-4 スマイルカーブ

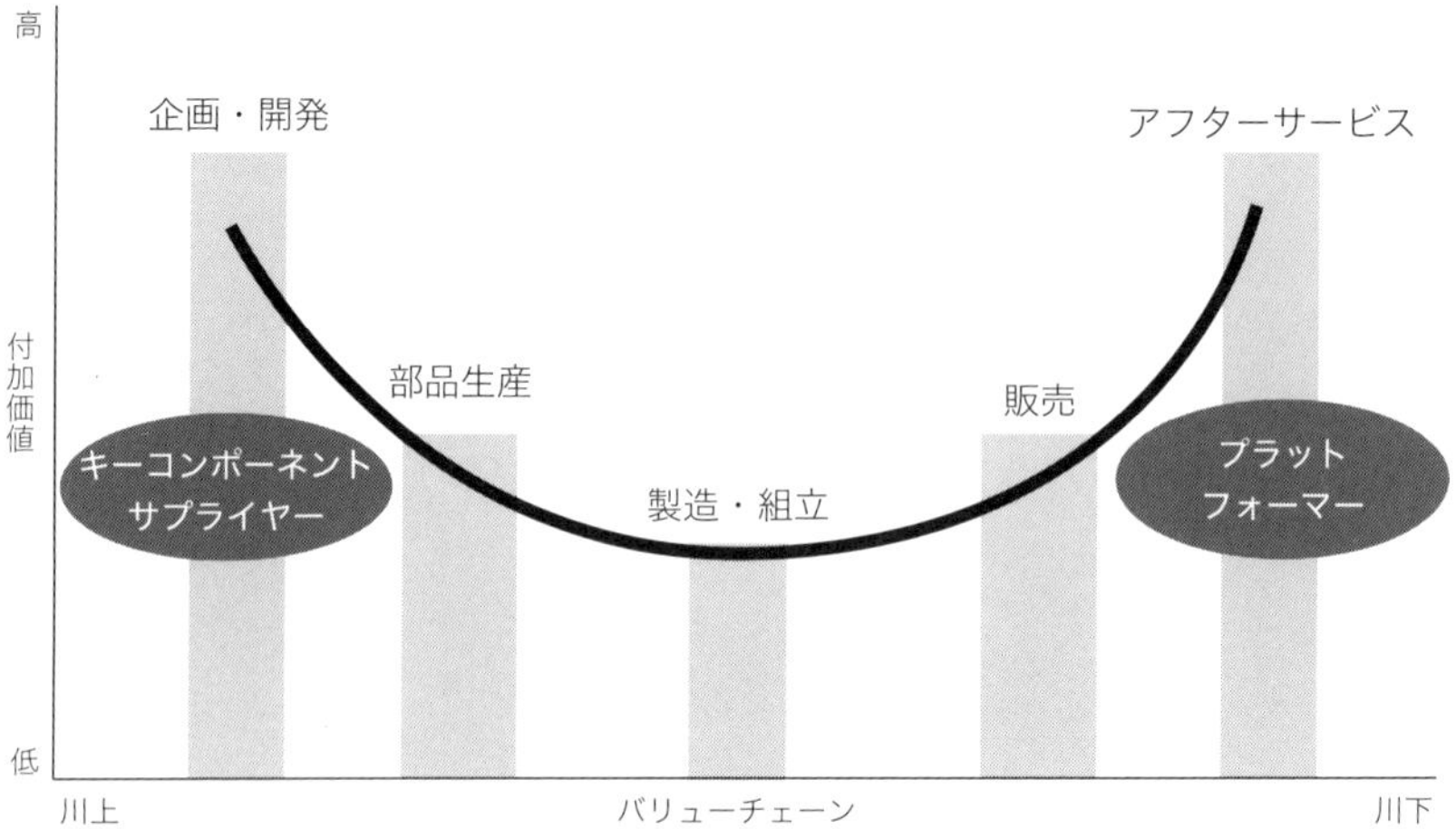

特に、近年では生産工程のモジュール化によって、付加価値の出せるビジネスが川上と川下の工程に偏る、いわゆるスマイル・カーブ現象が生じています（**図表1-4**）。

生産工程を小さな単位のモジュールに分解することで、生産工程を最適な地域に配分した上で、集めて組み立てることが簡単にできるようになります。そうすることによって、モジュールごとの大量生産による規模の経済性のメリットを享受できるのと同時に、モジュールごとの組み合わせを変えることによって製品の多様化も実現できるわけです。

このモジュール化によって、川上の開発や川下の販売、アフターサービスの分野の不可価値が高くなり、逆に中間の組み立ての付加価値は低くなり、付加価値の高さを表すカーブが笑った口元のようになるため、スマイル・カーブ現象と名付けられました。

このビジネスにおけるスマイル・カーブ現象は、多くの産業で生じてきていると言われています。川上のコンポーネント企業と、川下のプラットフォーム企業のみが儲かるようになり、川中の企業が儲からなくなる現象ですが、これはＡＩやビッグデータの活用によってさらに進んでいくことが予想されています。前述した時価総額で現在上位に位置する企業群は、こうしたコンポーネント企業もしくはプラットフォーム企業ばかりです。この中に日本企業は１社も入っていません。

今後、世界経済の成長とともに日本も成長をし続けていくためには、さらなるグローバル化をすることは必然です。そのためには、単に自由貿易を促進していくだけでなく、より知識集約化を進めることによってビジネスモデルの高付加価値化を実現していくことが、日本企業には求められていると言えるでしょう。

さらに、徹底的な人材育成によるスキルアップによって、人材の質を向上させていくことも極めて重要になります。実は日本では、社会人になってからの人材教育が極めて脆弱です。そもそも、一度社会人になってから、個人の必要性に応じて再度、教育機関で新たな知識・スキルを得ることができるリカレント教育の仕組みが、社会的に整備されていません。しかも、初等教育から高等教育までの日本の教育レベルは世界的に見ても非常に高いですが、実際の職業能力との結びつきが弱いため、現実の社会で上手く活用することができていないのが現状です。

また、企業内においても人材教育が不足しています。「人材」は最も重要な経営資源と言う経営者は多くいますが、実際の人材育成は階層別研修程度で、１人当たり年に数日程度しか研修を行っていないような企業は多くあります。特に、教育が不足していると言われるのが、経営者育成です。企業内の人材育成は、役職が上がるに従って受ける研修が減っていくことが多く、経営幹部になってからはほとんど研修を受講する機会がないような事例も散見されます。そのため、経営者として必要な教育をしっかりと受けずに経営者になっていることが非常に多いのです。

日本の経済成長が鈍化し、バブル崩壊以降、失われた10年と言われたのが、現在では失われた30年にまで伸びてしまっている理由の1つには、日本の経営者の責任も大きいことを自覚する必要があります。徹底した人材育成によって従業員のスキルアップを図っていたならば、これほどにも労働生産性が低くなることはなかったでしょう。

第2章

人口減少・少子高齢化の衝撃――変化②

1　加速する人口減少

戦後、増加を続けてきた日本の人口は、高度成長時代を経て１９６７年に1億人を超え、２００８年にピークとなる1億２８０８万人となりました。その後は、一転して減少傾向となり、今後日本の人口は、２０４８年に1億人を割り込み、２１００年には５０００万人にまで減少すると予想されています。この５０００万人という人口は、さかのぼると、明治時代の後期、１９００年頃とほぼ同じくらいの人口です。２００８年のピークまで約１００年かけて増えてきた人口が、その後の１００年でまた元に戻ってしまう、ということになるわけです（**図表２－１**）。

この人口減少が、どの程度深刻なものなのか、もう少しイメージしやすく例えてみましょう。現在日本の人口は毎年約50万人ずつ減少しています。これが5年後の２０２５年以降には、急激な減少期へと入り、毎年約80万人の減少となります。これは現在（２０２０年）の佐賀県の人口とほぼ同じです。さらに20年後、２０４５年以降は１００万人を超えて減少していくことになります。要するに、毎年、47都道府県の１つ分の人口が減少していくことになります。毎年これだけの規模で人口が減っていくと考えると、この人口減少がいかに急激なものであるかがわかるでしょう。日本はこれから、世界の過去の歴史の中でも、誰も体験したことのないような急激な人口減少社会を進むことになるわけです。これがどのくらい日本の社会そして企業人事に対して影響を与える問題なのか、正しく理解しておかなければなりません。

図表2-1　日本の人口の推移

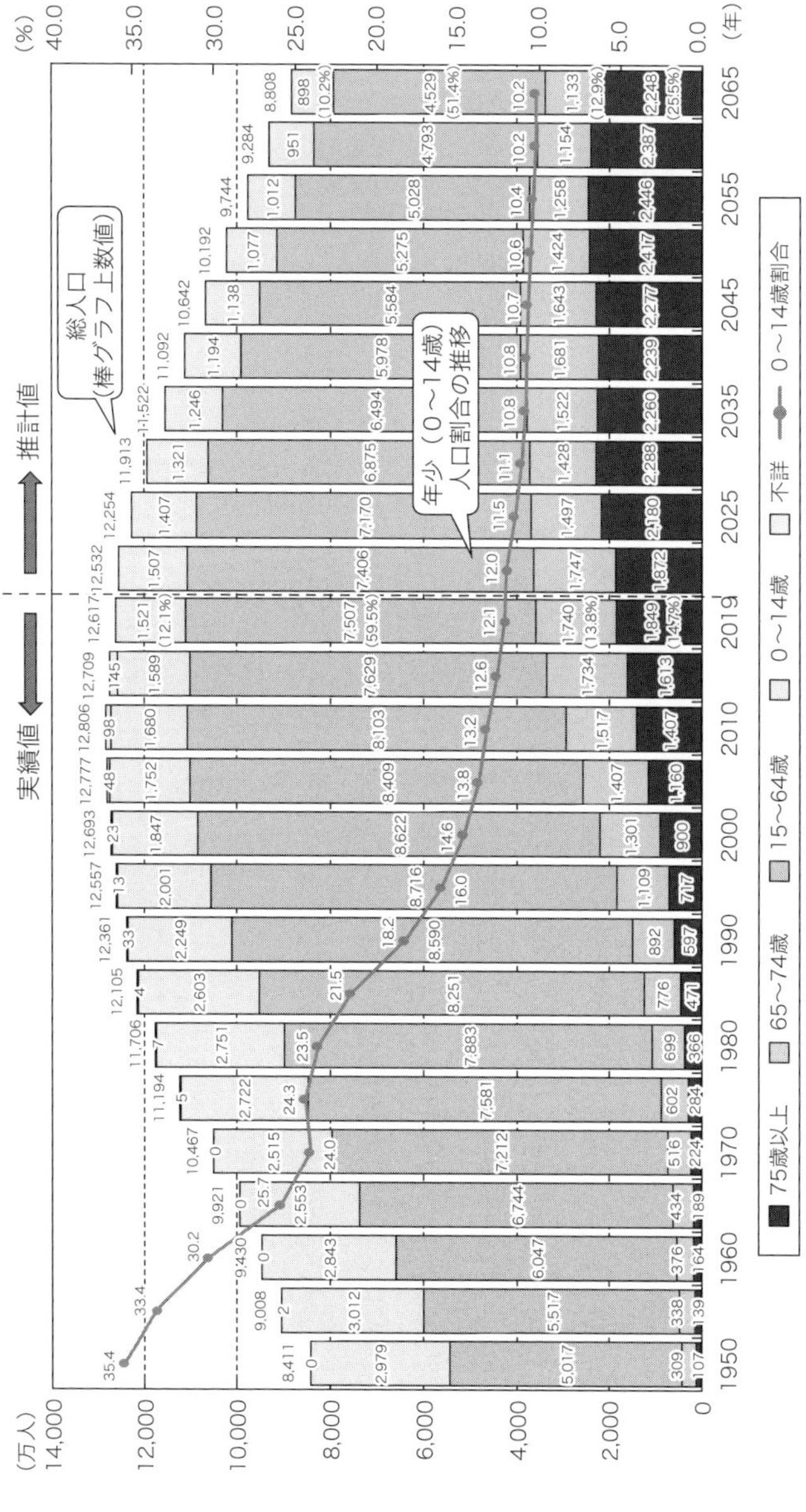

出典：内閣府（2020）『少子化対策白書［令和2年版］』

では、この人口減少を回避あるいは、緩和する方法はないのでしょうか？　残念ながら現在の状況ではどちらも難しいと言わざるを得ません。人口統計において、人口の自然増減を比較する際、合計特殊出生率という指標を用います。合計特殊出生率とは、女性の15歳から49歳のそれぞれの年齢別出生率を合計したもので、1人の女性が一生の間に産む子どもの数に相当します。日本の合計特殊出生率は、第一次ベビーブーム時に4・54と非常に高い値を示しましたが、以降は減少を続け、2005年には、過去最低の1・26まで落ち込みました。その後は、やや増加したものの再び減少に転じており、2019年の人口動態統計では1・36という結果でした（**図表2-2**）。長期的に人口を維持していくためには、この合計特殊出生率が、一定の水準以上であることが必要です。この水準のことを、人口置換水準といい、日本の場合は2・07とされています。しかし、働き方改革によるワークライフバランスの改善、政府や自治体などの様々な子育て支援策が実施されている現在でさえ、人口置換水準には遠く及ばない状況が、今後急激に改善することは考えにくく、仮に、2・1まで改善し、それを維持できたとしても、新生児の出生数より、人口割合の多い高齢者の死亡数のほうが多い状況がしばらく続くことから、やはり人口が減少し続けることになります。このように、現在の日本は、もはや人口を維持することもできない状況となっているのです。

一方、世界を見てみると、日本の状況とは全く異なり、現在は人口増加時期にあります。世界人口は、2020年時点で約78億人ですが、2060年頃には推計で100億人を超えると予想されています。世界的に見ると、日本は1950年では総人口で世界5位に位置していましたが、2020年

図表２-２　出生数・合計特殊出生率の推移

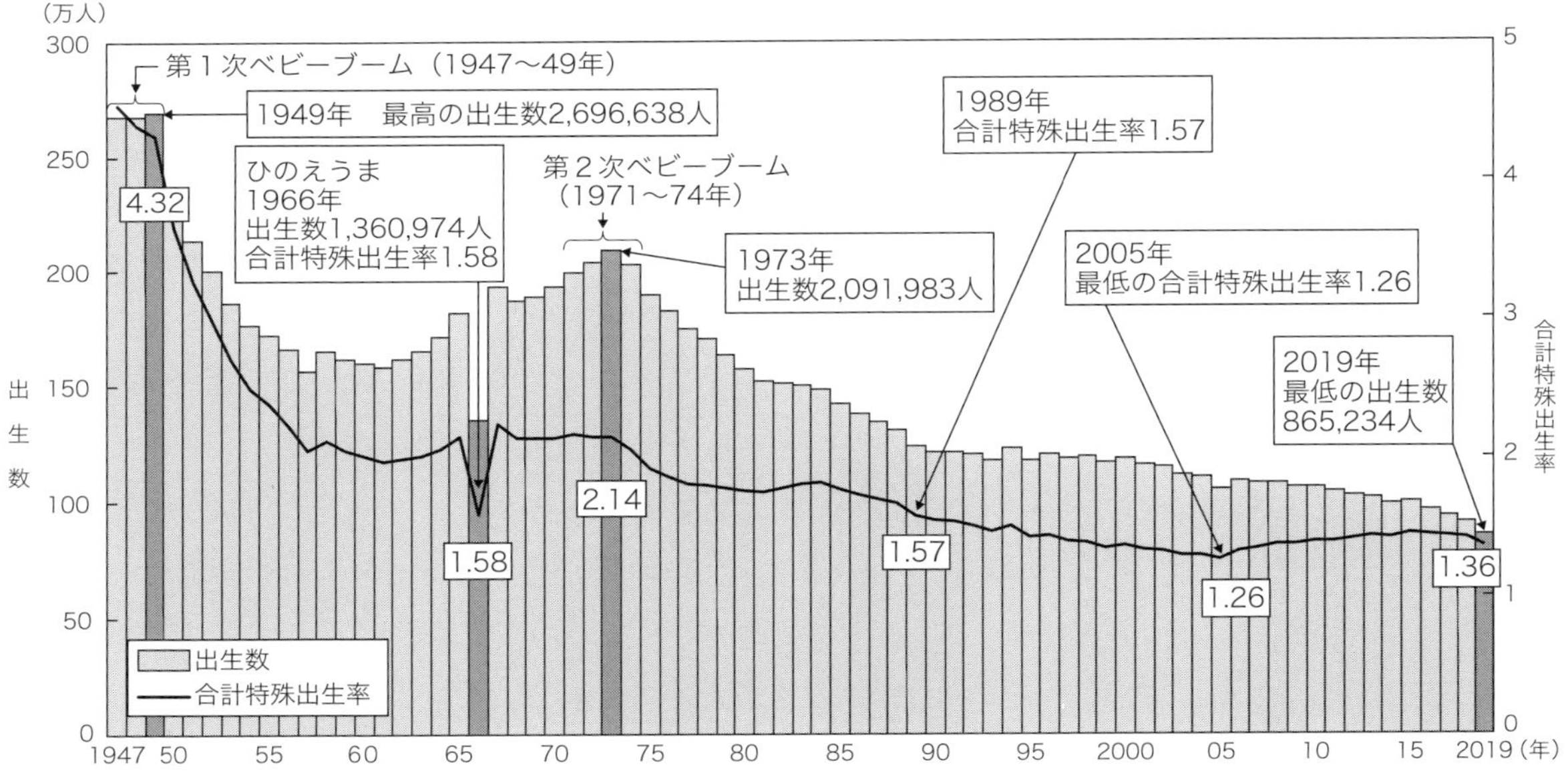

出典：内閣府（2020）『少子化対策白書［令和２年版］』

図表2-3 人口の多い国

単位：千人

順位	1950年		順位	2020年	
	国名	総人口		国名	総人口
1	中国	554,419	1	中国	1,439,324
2	インド	376,325	2	インド	1,380,004
3	アメリカ合衆国	158,804	3	アメリカ合衆国	331,003
4	ロシア連邦	102,799	4	インドネシア	273,524
5	日本	82,802	5	パキスタン	220,892
6	ドイツ	69,966	6	ブラジル	212,559
7	インドネシア	69,543	7	ナイジェリア	206,140
8	ブラジル	53,975	8	バングラデシュ	164,689
9	イギリス	50,616	9	ロシア連邦	145,934
10	イタリア	46,599	10	メキシコ	128,933
			11	日本	126,476

順位	2050年		順位	2100年	
	国名	総人口		国名	総人口
1	インド	1,639,176	1	インド	1,450,421
2	中国	1,402,405	2	中国	1,064,993
3	ナイジェリア	401,315	3	ナイジェリア	732,942
4	アメリカ合衆国	379,419	4	アメリカ合衆国	433,854
5	パキスタン	338,013	5	パキスタン	403,103
6	インドネシア	330,905	6	コンゴ民主共和国	362,031
7	ブラジル	228,980	7	インドネシア	320,782
8	エチオピア	205,411	8	エチオピア	294,393
9	コンゴ民主共和国	194,489	9	タンザニア	285,652
10	バングラデシュ	192,568	10	エジプト	224,735
…			…		
17	日本	105,804	36	日本	74,959

出典：国立社会保障・人口問題研究所（2020）『人口統計資料集［2020年版］』

時点で11位まで下がっています。これが30年後の２０５０年には17位、２１００年には36位にまで下がると予想されています（**図表2-3**）。このように、世界の人口が増加し、経済規模が拡大していく一方で、日本は人口減少によって、年々、経済規模が縮小していくことになります。日本で現在起きている人口減少問題とは、これからの日本が、国際社会において市場としての価値が乏しくなり、国際的なプレゼンスも大きく低下することを意味しているのです。

２　少子高齢化が進む日本

日本は、戦後の第一次ベビーブーム、また、その子どもたちにあたる世代の第二次ベビーブームで急激な人口増加を経験しましたが、その後は一転して少子化が進行しています。この急速に進んだ少子化と、ベビーブーム世代の高齢化の２つの要因が重なったため、人口の年齢別構成がいびつな形となり、世界でも類を見ないほどの急激な高齢化が進行しています（**図表２－４**）。

日本の場合、少子化の要因として特に重要なのは結婚です。日本は諸外国と比較して、婚外出産の数が少なく、結婚を経てから出産となる場合が圧倒的に多いためです。日本の婚姻率（人口１０００人に対する婚姻件数）を見ると、１９７２年の時点ではおおよそ10・０程度でしたが、２０１８年には４・７と2分の１以下まで下がっています。婚姻件数も、１９７２年は１００万組を超えていましたが、２０１８年には、約58万６千組と大きく減少しています。

未婚者の、結婚に対する意識調査の結果によると、「いずれ結婚するつもり」と答えた未婚者（18～34歳）の割合は男性で85・７％、女性で89・３％と男女ともに高い水準を維持していますが、実際には結婚にまで至っていないのが現状です。未婚者に独身でいる理由を尋ねると、男女ともに「適当な相手にめぐり合わない」という理由が最も多く、次いで、男性は「必要性を感じない」、女性は「自由さや気楽さを失いたくない」という回答が続きます。かつての、ある年齢になったらみんな結

図表2-4 人口ピラミッド（1975，2020年）

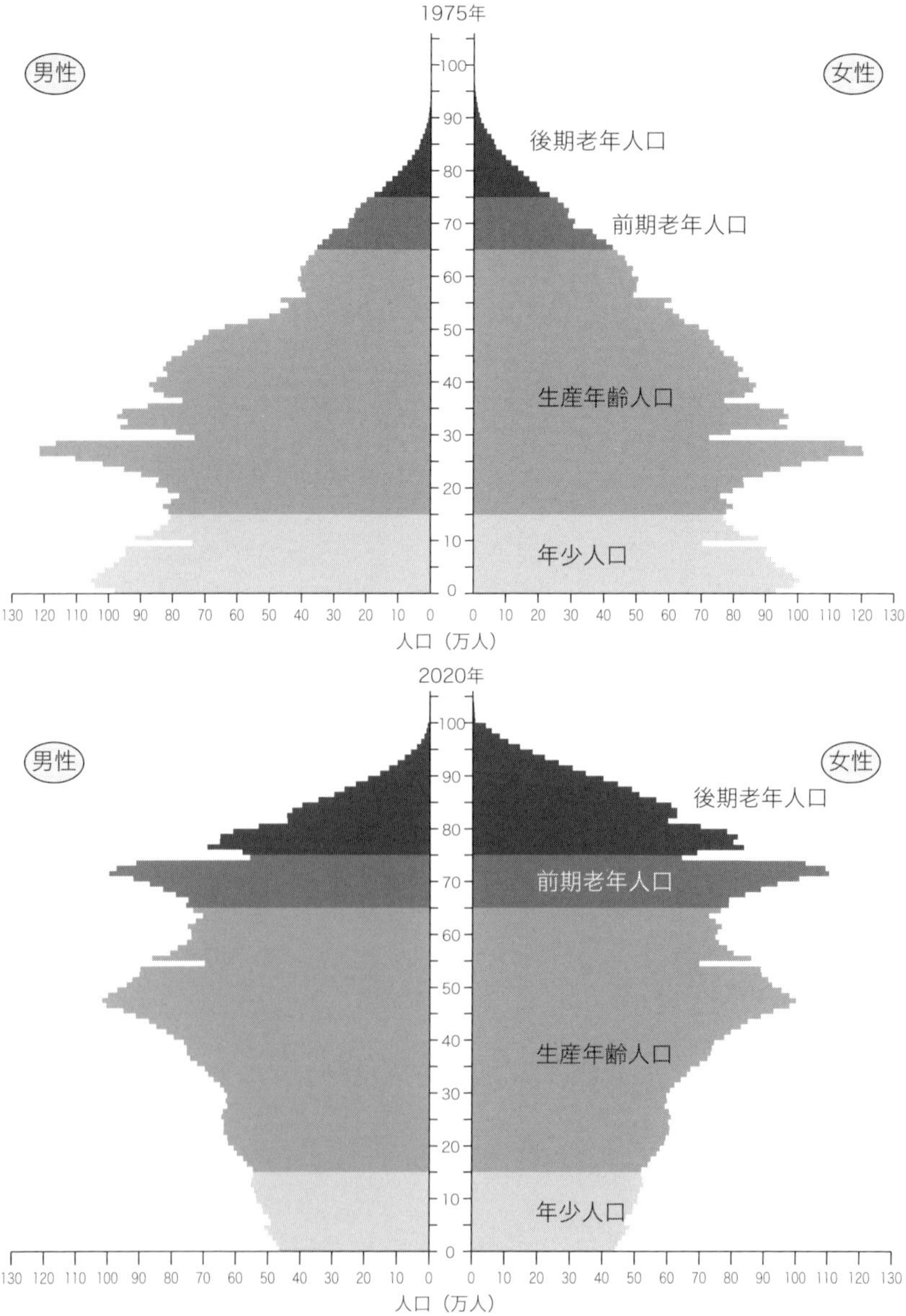

出典：国立社会保障・人口問題研究所（2020）『人口統計資料集［2020年版］』

婚する、という考え方は過去のものとなり、理想的な相手が見つかるまで結婚を先送りする傾向が増加しています。

また、結婚・出産を考えていたとしても、ある程度経済的に安定してから、と考えるため、晩婚化、晩産化が進んでいます。女性が第一子を出産する年齢は１９８０年では26・４歳でしたが、２０２０年現在では30・７歳となっています。また、夫婦が持ちたいと思っている子どもの平均人数は２人以上で推移していますが、現実的には、子育てに要する経済的な負担の大きさ、自身のキャリアに与える影響、晩産化による年齢的、体力的な問題から、第２子以降の子どもを持ちたくても持てない、といった状況にあると考えられます。

次に、高齢化問題についてです。終戦直後４・９％だった高齢化率はその後上昇し続け、第一次ベビーブーム世代である団塊の世代が老年人口に区分されるようになり、本格的な高齢化社会に突入しました。現在、日本の総人口は１億２６１７万人ですが、そのうち65歳以上の高齢者人口は３５８９万人と、総人口に占める割合（高齢化率）は28・４％となっています。この高齢化率は、第二次ベビーブーム世代が老年人口に区分される２０２５年には30％を超え、２０５０年には37・７％という非常に高い割合に達します（**図表２－５**）。一般的に高齢化率が７％を超えると高齢化社会であるといいわれますが、日本の場合はすでに、凄まじい超高齢化社会であると言えます。また、高齢化問題で最も重要なポイントは、単に高齢者が増える、ということにとどまりません。高齢化が進むその後ろには、若年層の人口（生産年齢人口）が減少することによる国内労働力の減少、という極

図表2-5 高齢化の推移と将来推計

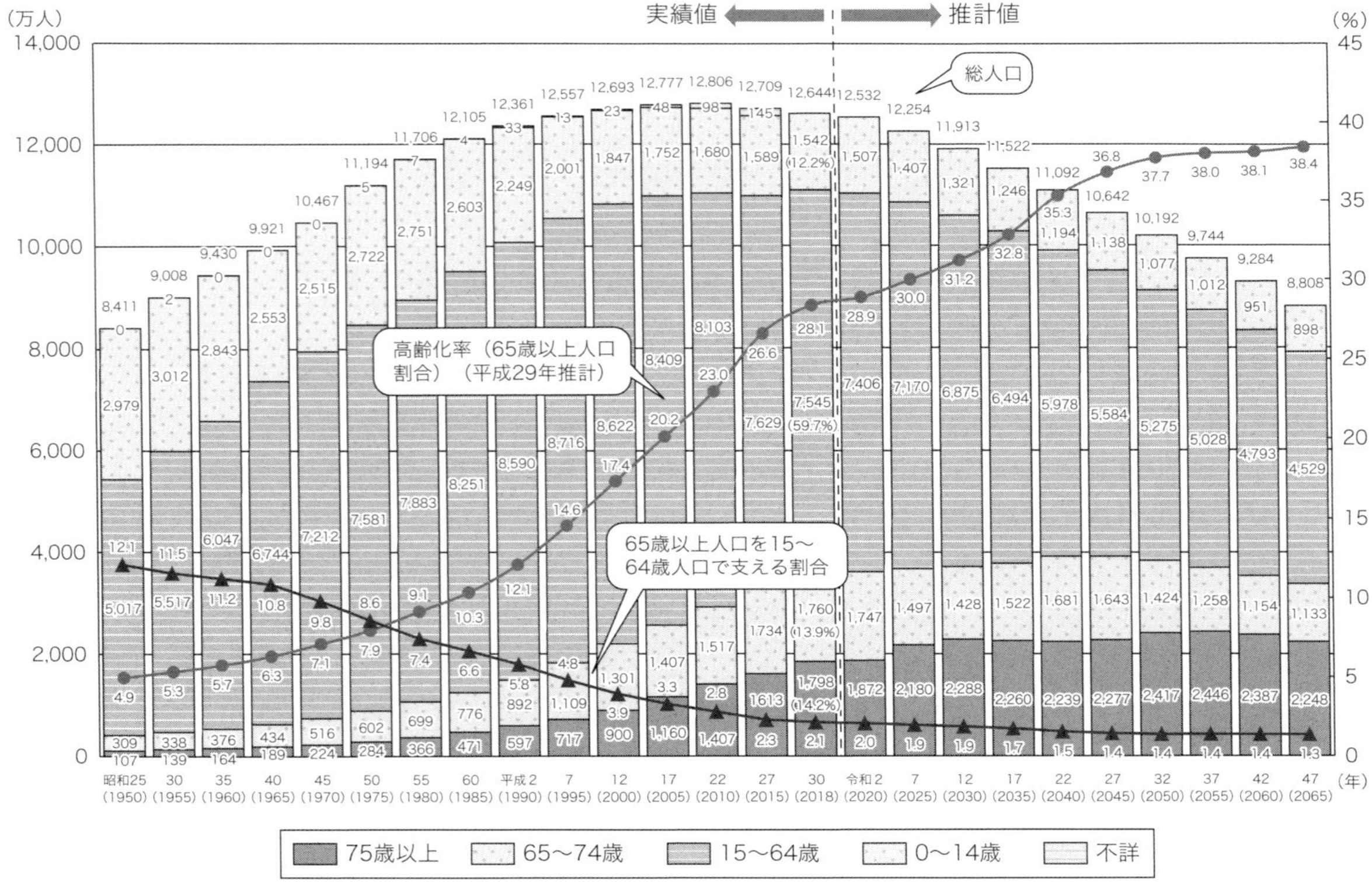

出典：内閣府（2020）『高齢社会白書［令和2年版］』

めて重要な問題が潜んでいるのです。

3　人口減少と少子高齢化が進むとどうなるか

人口減少と少子高齢化の進行は、経済成長の鈍化、社会保障の持続可能性の危機、地域社会の衰退など、私たちの社会に様々な影響をもたらすことが予想されています。

最も問題視されているのが「生産年齢人口の減少」です。生産年齢人口（15歳から64歳の人口）は、２０１５年には７７２８万２千人存在していますが、２０３０年には６８７５万４千人と８５２万人減少すると推定されます。生産年齢人口は経済活動において、稼ぎ手であると同時に、消費の担い手でもあります。

この生産年齢人口の減少は、まず経済成長の減速につながると考えられます。経済成長の要因は、労働投入量、資本投入量、そして全要素生産性（技術進歩や生産効率）であるとされていますが、この３つの要因に生産年齢人口の減少が影響を及ぼす恐れがあります。まず、労働投入量は、生産年齢人口が減少すれば同じく減少することになります。次に、資本投入量については、今後企業が投入する設備投資金額は１人当たりの金額は多少上昇するかもしれませんが、その上昇分を打ち消す勢いで、生産年齢人口が減少するため、国内全体で見れば大きく低下することになるでしょう。全要素生産性についても、生産年齢人口が減っていくことで、人的な多様性が失われ、ビジネス環境変化への対応が困難になったり、新しい発想が生まれにくくなるなど、結果的に技術進歩や生産効率の向上を図ることが困難になる恐れがあります。このように、経済成長の3つの要因すべてにおいて、日本の経済成長にマイナスの影響を及ぼす可能性があるのです。

次に社会保障への影響です。現在の日本では急速な高齢化と少子化が同時に進んでいます。子どもが少なくなり、高齢者が増加するということは、世の中の経済を支える現役世代（生産年齢人口）の割合が減少するということです。現在の少子化の流れが変わらない場合、2060年には総人口が9000万人程度となり、高齢化率は40％近くになると予想されます。このまま高齢化によって急増する社会保障費用を、現役世代が支えていくのは限界があります。1965年には、1人の高齢者を約10人の現役世代で支える社会でしたが、2050年には1・4人で支える社会となることが見込まれています。このような社会の変化を踏まえて、給付や負担を人口の構成の変化に対応したものとすることや、子育ての支援、高齢者が長く働き続けられる環境づくりなど、支え手を増やす努力が必要です。現在の制度では、給付は高齢世代中心であり、負担は現役世代中心となっています。高齢世代が増え、現役世代が減っていく社会であっても持続可能な社会保障制度としていかなければなりません。

次に考えられるのが地域社会の衰退です。人口100万人に満たない都道府県の数は、2020年の10から、2045年には19にまで増えることが予想されています（**図表2-6**）。地方都市の人口減少は、地域経済と地域社会の衰退を意味しています。経済の衰退も大きな問題ですが、人口が減少するということは、公共団体の税収も減ることになるため、財政破綻を起こす地方公共団体も現れるようになるでしょう。そうなると、市町村だけでなく、都道府県といった地方制度そのものの再構築

図表２-６ 人口100万人未満の都道府県

◆ 2020年

都道府県	人口（単位：1,000人）
秋田	956
福井	764
山梨	801
和歌山	921
鳥取	556
島根	670
徳島	723
香川	951
高知	691
佐賀	810

◆ 2045年

都道府県	人口（単位：1,000人）
青森	824
岩手	885
秋田	602
山形	768
富山	817
石川	948
福井	614
山梨	599
奈良	998
和歌山	688
鳥取	449
島根	529
徳島	535
香川	776
高知	498
佐賀	664
長崎	982
大分	897
宮崎	825

出典：国立社会保障・人口問題研究所（2020）『人口統計資料集［2020年版］』

が行われる可能性もあります。地方経済が縮小していくことで、企業の全国展開の戦略も大きく見直しが必要となるでしょう。

4 人口減少・少子高齢化が企業にもたらす影響

ここまで見てきたように人口減少・少子高齢化問題の本質は、生産年齢人口の減少にあると言えます。これを解決するためには、様々な取組みが必要です。具体的には「出生数を増やす」「長く働き続ける」「女性の活躍推進」そして「外国人労働者の活用」という取組みが考えられます。

出生数の増加は国全体で取り組まなければならない課題であり、すでに少子化が長く続いている現在の状況では、短期的な改善は不可能です。長期的な視点で取り組まざるを得ないのが現状です。

一方で現実的に労働力を確保することを考えると、「長く働き続ける」という取組みは非常に有力です。すでに、高齢者がいつまでも現役で活躍し、労働力を提供する流れが浸透しつつあり、一部の企業では定年退職年齢を引き上げる動きが始まっています。70歳あるいは、それ以上まで働くということが当たり前になる社会になることは充分に想定されることです。現在でも、65歳を過ぎた後も仕事を続けたいと考える人が一定数いること、また、それは経済的な理由に限らず、働き続けることによって得られる暮らしの充実、適度な労働による満足感、そして社会とのつながりを感じられることなどが、退職年齢を上げている理由となっています。

定年退職年齢を引き上げるための企業課題としては、現在行っている業務の見直しを行い、高齢者に任せる業務の仕分けを行うこと、従業員自身やその家族が疾病、介護が必要になったときにサポートできるような人事制度を設けることなどが求められています。

これからの日本は人口減少の方向に向かうのは間違いありません。それでも次の世代に明るい社会を残すためにも、長く働き続け、健康であり続けることが最も重要と言えるかもしれません。

次に、女性の活躍推進が挙げられます。男女雇用機会均等法の浸透や政府が少子化対策として取り組んできた、子育てと仕事の両立支援などによって女性の働く意欲は増してきていると言えます。しかし、女性の意識が「子どもができても仕事を続けたい」という方向に変化してきてはいるものの、実際には仕事と育児の両立が困難であり、再就職も難しいことから、いったん退職してから非正規社員として復帰したりすることが多いのが現状です。結婚・出産をしても正社員として働き続けられる環境を作ることが何よりも重要であり、そのためには、家事・育児と仕事の両立に対する職場の理解、法制度の整備、男女の意識改革、保育所の増設等まだまだ解決すべき課題が多いのが現状です。

さらには、外国人労働者の積極的な活用も必要になるでしょう。日本で生活する外国人の数は毎年増加しています。国内における総在留外国人数は、２００８年のリーマンショックから２０１１年の東日本大震災後にかけて一時減少傾向にありましたが、その後増加し続け、２０１７年には約２５６万人となり過去最高を更新し、総人口に占める割合も２０１２年の１・59％から２０１７年には２・02％までに上昇しています。このように外国人労働者が増加している背景には、少子高齢化に伴う人手不足の対応として、政府が外国人労働者受け入れを拡大していることにあります。労働力人口は、女性や高齢者の労働市場への参加が増えたことにより、２０１３年以降はむしろ増加してはいるものの、15～64歳の生産年齢人口の減少は著しく、今後もさらに低下することが予想されています。企業は労働力を確保するために、既存の男性正規職労働者を中心とする採用戦略から、女性、高齢者、外国人などより多様な人材に目を向ける必要性が生じているのです。

このように日本は、深刻な「人口減少社会」に突入しており、その傾向は今後もより顕著になっていくことでしょう。すでに日本のほとんどの業界において慢性的な人手不足が生じていますが、今後も業務量が大きく減少することはありません。結果として、人的リソースが逼迫し、従業員の負担増、ビジネスの停滞へとつながります。そのような事態を避けるためにも1人ひとりの生産性向上に向けた取組みをはじめ、少ないリソースでも成果が得られるような組織に変化していかなければなりません。特に、日本は他の先進諸国と比較して、ビジネスのＩＣＴ活用において後れを取っているのが現実です。ＡＩやＩＣＴ活用への積極的な投資が必要です。

10年後、日本企業は、人口減少と少子高齢化が引き起こす、衰退していく社会の中にあることでしょう。それは、現在と同じ企業組織、人事の仕組みのままでは到底乗り越えることなどできない、巨大な負のスパイラルなのです。

第3章

今後の日本企業の戦略——変化③

1　国内競争激化に伴う経営課題

今、日本は少子高齢化が急速に進展した結果、2008年をピークに総人口が減少に転じています。今後ますます人口減少が進み、2030年問題や、長引く国内景気の不透明感、デフレ等などの状況下において、国内市場規模の拡大が期待できない中、経営が直面している課題を直視しつつ、中長期的な競争力を維持していくために、いかにして事業基盤を構築、あるいは再編していくかが問われています。

先般、一般社団法人日本能率協会が1979年から実施している、企業経営者を対象にした経営課題に関する調査2019年度の結果が発表されました。

この中の、5年後の経営課題のトップ3は「事業基盤の強化・再編、事業ポートフォリオの再構築」「人材の強化」「新製品・新サービス・新事業の開発」となっています。その他にも「株主価値向上」「企業ミッション・ビジョン・バリューの浸透や見直し」があります。このような、企業経営にとってより本質的な課題に中長期的に取り組むべきであると認識されていることに、企業の生き残りへの危機感が表れていると見ることができます。特に「事業基盤の強化・再編、事業ポートフォリオの再構築」は、現状の事業ポートフォリオを部分的、ないし全面的に変革することの必要性は認識しつつも、喫緊の課題である「現在の市場での売上や収益性向上」といったものへの対応に追われているのかもしれません。

もちろん既存の事業を継続的に行っていくためには、自社の持つ既存領域を超えるための投資と、現状持っているコア・コンピタンスを深掘する活動のバランスをとることが必要であり、それをトップマネジメントによっていかに実現していくかがキーとなるでしょう。

また、このまま縮小していくであろう国内市場で、生き残りをかけて事業継続していても売上や利益が落ちていくのは目に見えていて、国内の少ない顧客の奪い合いや、M&A、新サービスの開発等々、今後の競争も激化していく国内事情ゆえに、海外進出を決める日本企業が増えています。それは、海外の市場規模の大きさの魅力や、まだまだ未開発のジャンルもあり、後発でも参入する余地が多く残っている市場も多いと言われているところに理由があります。

ジェトロが毎年実施している「日本企業の海外事業展開に関するアンケート調査（2018年度）」によると、今後3年程度における企業の海外進出方針について、「海外進出の拡大を図る」と積極姿勢を示した企業は57．1%でした（**図表3－1**）。

中小企業庁でも「明日から、世界が相手だ。―中小企業海外展開支援施策集2019―」という資料を発行し、中小企業の海外展開を支援するため各支援機関が実施している主な支援施策を、中小企業の方々の海外展開事業の段階に応じて整理し、その概要を紹介しています。

以上のように、今後の日本企業の戦略は大きくは2つの方向性になると考えられます。1つはグローバル展開です。前記のように多くの企業が海外での市場拡大の機会を検討しており、そのスピードはさらに増すことになります。しかし国内市場をメインターゲットとしている企業は、国内市場が縮小していく中で、存続、成長を勝ち得ていかなくてはなりません。今は他のプレイヤーに比較して

図表3-1 日本企業の海外事業展開に関するアンケート調査

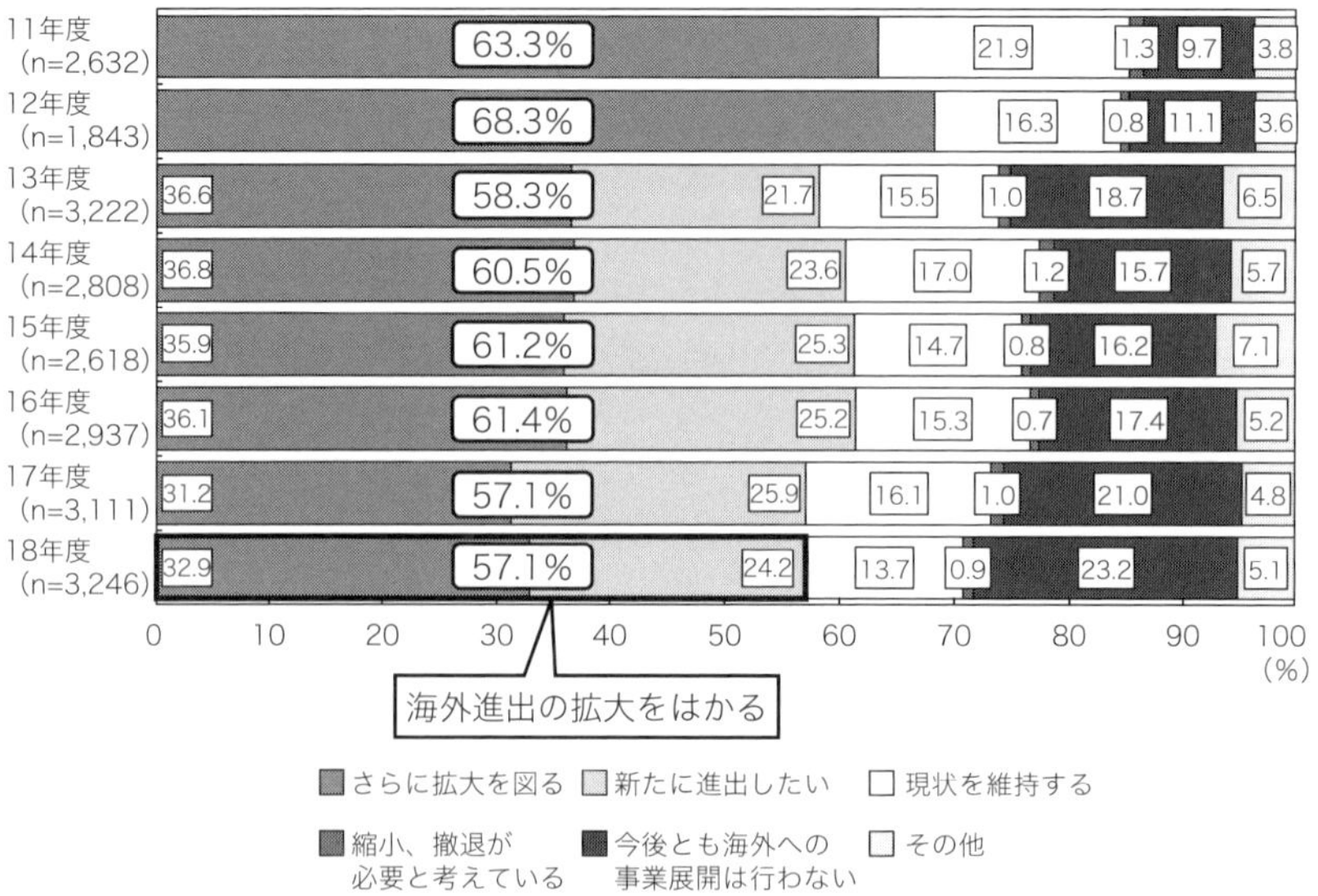

出典：2018年度「日本企業の海外事業展開に関するアンケート調査」（ジェトロ）

いかに競合優位を勝ち取るかが生命線となります。この競合優位性の確保のためには、様々な戦略が考えられます。まず企業規模の拡大です。競合会社よりも大きな規模になることにより、企業体力を増強し、将来への投資、人材の育成を行うというものです。自己経営努力だけでは規模拡大に制限がかかるため、企業の合併吸収施策が多用されることになります。また新しいビジネスモデルへの転換や、創造的・革新的な商品・サービスの開発による競合優位性の獲得も極めて重要になります。ライバル社と比較して新たなマーケティング手法で差をつける、また新しい技術を取り込んだ新たな商品・サービスを開発するということです。

M&Aを推進したり、新たなビジネスモデル、新しい技術による新たな商品・サービスの開発を進めるためには、今までとは異なるタイプの人材が必要となります。新たなタイプは既存のビジネスモデルを運用するタイプではなく、新しいものを作る、創造するタイプとなります。競合優位性を獲得するためには、新しいタイプの優秀な人材を雇用できるかが重要となるのです。したがって、今までよりも実力に応じた評価や処遇が求められることになります。また新しいテクノロジーを習得した人材は、既存の社員の給与のレベルと大きく異なることになるでしょう。競合優位性を指向すればするほど、人事管理は既存人材とともに新たな人材タイプも必要となります。また実力、職務による報酬が必須となるでしょう。国内市場生き残りをかけるためには、人事管理はより高度に整備されなくてはならないのです。

2　日本企業のグローバル化

最近、日本企業の「グローバル化」という言葉をよく耳にします。メディアでもこの言葉を見ない日はありません。他にも「グローバル企業」とか、「グローバル人材」も注目されています。そもそも「グローバル化」とは正確に何を指すのか、「グローバル企業」はどのくらいあるのか、などの基本知識を我々は十分に認識しているのでしょうか。そんな中、日本企業は急速にグローバル化を推進しています。

グローバル化の背景には、２０３０年問題に見られるように、少子高齢化や人口減少による国内市場のシュリンク縮小などがあります。日本企業の海外進出は、企業が成長するために必然であると言えるでしょう。

世界全体に目を向けると、人口は現在も増加傾向にあり、２０３０年には85億人を突破する勢いで拡大し続けていることから、多大な可能性を秘めていると言えます。海外の魅力的なマーケットを視野に入れることで、日本国内市場の数倍・数十倍のビジネスチャンスを手にする可能性があるのです。

では、どのような方法で海外進出を図るべきなのでしょうか。企業は海外進出にあたり、当初はいかにして自社製品を輸出するかが重要になりますが、グローバル化が進展するにつれ輸出だけでなく現地工場での生産など、海外への直接投資の必要性が高まります。また輸出や海外直接投資と異なる方法にはライセンス供与も考えられます。これら３つの方法のいずれを選択するかは、今後の事業戦略に多大な影響を及ぼすことから、企業は慎重な判断を求められます。

一方、近年の世界の経営学では「実はグローバル企業はほとんど存在しない」という主張がされています。それどころか、これは学者たちのコンセンサスになりつつあると言ってよいかもしれません。なぜこのような議論が起きているのでしょうか。

そもそもグローバル企業とは何なのかについては、色々な定義があると思いますが、真にグローバルな企業の条件の１つは、「世界で通用する強みがあり、それを生かして世界中でビジネスができている」ことではないでしょうか。「ＧＬＯＢＡＬ（グローバル）」は、「世界的な規模であるさま。また、全体を覆うさま。包括的。（デジタル大辞泉より）」という意味を持った単語です。グローバル企業とは、拠点となっている国以外の様々な国においてビジネス展開し発展している企業を指すのです。社員の国籍も様々で、ビジネス展開もその国の文化や手法に合わせて進めます。単に、製造工場などを海外に置いているだけの企業は、グローバル企業とは言えません。近年では日本企業のグローバル化もさらに進んでおり、この背景にはＩＣＴ活用の促進などが大いに関わっていると言われています。

この「グローバル企業」に関連して、近年注目されているのが「ボーン・グローバル企業」です。これは、設立から数年で海外へ事業展開する、主にベンチャー企業のことを指します。海外への進出が比較的容易であると言われるＩＴ系や製造業など、その業種は多岐にわたります。この企業形態は１９９０年代を境に急激に数を増やしています。その背景には、インターネットの急速な普及、国のＩＣＴ政策によるＩＣＴ技術の発展、そして、近年は国際経験の豊富な人材の増加や、クラウドファンディング等による資金調達の手法の確立、市場全体のグローバル化などもあります。日本のボーン・グローバル企業としては、千葉市美浜区にある気象予報の「ウェザーニュース」などが挙げられます。

グローバル企業とは21世紀のモデルであり、本国だけでなく世界のすべての拠点を１つの企業として最適化した状態を指します。その企業が持つ機能は、世界中において実施することができ、本国および各拠点が持つ情報やスキルも、世界中で共有することができます。また、その資源や人材は、多国籍よりも広義な「グローバル」へと進化しています。この実現には、ＩＣＴ化の進展とその導入が大いに関わっています。

例えば、優れた商品・サービスを持つ企業であれば、それは世界中で売れるはずです。もちろん国ごとに消費者の好みや商慣習は違いますから、現地にマッチさせることは必要です。とはいえ、商品力・技術力・あるいは人材・ブランドなどが圧倒的に強い世界的企業なら、アジア、北米、欧州を問わず、どこでも成功できるはずです。

では仮に、世界中でうまく商売できている企業、すなわち「世界中からまんべんなく売上を得ている企業」を「真にグローバルな企業」としましょう。いったいこのような企業はどのくらいあるのでしょうか。

この疑問を分析し、近年の国際経営学に大きな影響を与えたのが、米インディアナ大学の重鎮、アラン・ラグマン教授です。彼が2004年に『ジャーナル・オブ・インターナショナル・ビジネス・スタディーズ』に発表した論文は、大変な反響を呼びました（カナダ・カルガリー大学のアレン・ヴェルビク教授との共著）。

この論文でラグマンは、2001年時点でフォーチュン誌ランキングによる世界で最も大きい500社の中から、売上データの内訳がとれる365社を抽出しました。世界の海外直接投資の約90％はこの500社によるもので、その中の365社なわけですから、主要な「巨大多国籍企業」の大部分をカバーしていると言えます。さらにラグマンたちは、世界市場を「北米地域」「欧州地域」「アジア太平洋地域」の3つに分けました。2001年時点でこの3つを世界の主要市場とみなしたのは妥当でしょう。ラグマンたちは、多国籍企業365社それぞれに、3地域での売上シェアを精査・集計したのです。その結果、「真にグローバルな企業」はほとんど存在しないということであり、経営学者たちにとっては衝撃的なものでした。

なぜかというと、それまでの主要な国際経営理論では、「企業がグローバル化する」とは「企業が自国以外の国でビジネスをする」という単純な概念だったからです。例えば、ある企業が優れた技術やブランドを持っていれば、もちろん現地への適応は必要とはいえ、その強みを使ってアメリカでも、アジアでも、どの国・地域からも売上を増やせるだろう、と予測できました。しかし現実には、そのような「真のグローバル化」を実現させている多国籍企業は、2001年時点で世界中見渡しても9社しかなかったのです。ちなみにこの9社は、IBM、インテル、フィリップス、ノキア、コカ・コーラ、フレクストロニクス、モエ・ヘネシー・ルイ・ヴィトン、そしてソニーとキヤノンです。例えば、グローバル企業のイメージが強いマクドナルドは、この中に入っていませんでした。日本を代表するトヨタやホンダも、欧州では苦戦しており、世界3地域でまんべんなくは売り上げられていません。

他の日本企業についてはどうでしょうか。

先ほどのラグマンの2004年の論文では、真にグローバル化している大企業は世界に9社しかなく、そのうちの2社（ソニー、キヤノン）が日本企業でした。実はラグマンは、その後2008年に英ウォーリック大学のサイモン・コリンソン教授と共同で日本企業に特化した論文を発表しています。

先の論文が2001年のデータを使ったのに対し、この論文では2003年のデータを使っています。2003年の時点で世界主要500社のうち、日本企業は64社ありました。そのうち「ホーム地域」であるアジア太平洋での売上が半分を超える企業は57社にのぼります。64社平均では81％が同地域からの売上となりました。10年後の現在は、中国・ASEAN市場などの成長もあり、おそらく日本企業のホーム地域への傾斜はより高まっているでしょう。なお、この論文で「世界3地域でまんべんなく売り上げている真のグローバル企業」という結果になったのは、上記のソニー、キヤノンにマツダを加えた3社のみでした。

3　グローバル人材とは

一般的にグローバル人材とは、企業や市場のグローバル化に柔軟に対応し得る人材です。様々な国や地域の言語や文化の垣根を越えてコミュニケーションを取り、それをビジネスにおいて活用し、企業のパフォーマンスを最大化することが求められます。政府におけるグローバル人材の定義としては、「日本人としてのアイデンティティや日本の文化に対する深い理解を前提として、豊かな語学力・コミュニケーション能力、主体性・積極性、異文化理解の精神等を身に付けて様々な分野で活躍できる人材」とされています。

＊総務省「グローバル人材育成の推進に関する政策評価書」より

それでは、グローバル人材に必要な能力とは何かというと、まずは語学力です。英語はもちろん、進出する地域の言語を使いこなせることが理想です。少なくとも、ビジネスで不自由なく読み書き・会話ができる程度の英語力は、グローバル人材として活躍するために必須と言えるでしょう。

しかし、言葉が理解できるだけではグローバルレベルのビジネスで、十分な活躍ができるわけではありません。その語学力を駆使して、現地での採用者やクライアントなど、多様な人材と関係を構築できるコミュニケーション能力が求められます。この「コミュニケーション能力」の中には、異なる文化を理解できる感受性と知性、異なる価値観を持つ相手に柔軟に対応できる力など、異文化コミュニケーションに関わるスキルが含まれます。

また、海外で発生する問題の解決にあたっては、前例がない対応が必要となることも少なくありません。他人に解決法を尋ねて実行するのではなく、自ら考えて積極的に行動を起こせる人でなければ、グローバルに活躍するのは難しいでしょう。失敗を恐れず、その失敗を糧にして成長する精神的な強さも求められます。

こうした人材を育成するためには、主体的な行動を推奨し、多少の失敗は許容できる組織の寛容さも必要となります。「主体的に行動してほしい」と伝えるだけでは、失敗を恐れて従業員は受動的になってしまいがちです。組織文化として主体性や行動力を求めていることを、企業理念やリーダーからのメッセージ、トラブルに対応する際の姿勢などを通じて日頃から発信する必要があるでしょう。

未知の業務にも果敢に取り組むチャレンジ精神も必要です。また業務だけでなく、ビジネス習慣や文化の違いなどに直面し、思うように仕事を進められない局面も出てきます。このような状況に前向きに立ち向かえないと、ストレスで心身をすり減らしてしまう可能性が高いです。逆境に立ち向かい、努力し続けられる能力を「セルフエンパワーメント」と呼びます。

さらに、チームやプロジェクトをまとめるリーダーシップも求められます。海外では、年齢が若くキャリアが浅くても大きなプロジェクトを任される可能性があります。そのため、「自分が会社を引っ張る」という意識で仕事に取り組める人材でなければなりません。

リーダーシップは、チームのリーダーだけに求められる能力ではありません。メンバー1人ひとりがチームないしプロジェクトの目標を理解し、それに向かって努力することもリーダーシップといえます。リーダーシップは、海外事業に携わる全員が備えているべき資質です。

グローバル人材育成推進会議の見解では、グローバル人材に限らずこれからの社会の中核を支える人材に求められる要素として、メディアリテラシーも挙げられています。情報収集や発信に際して、的確なメディア選択やメッセージの考案などを行えることが重要です。日本語だけでなく英語で自在に情報の検索や発信ができる必要があるでしょう。

グローバル人材の中でも特に「グローバルリーダー」を求める企業は、上記の能力に加えてより重視したいポイントがあります。

変化が激しいグローバル市場では、これまでの経験や知識に固執することなく、次々と新しい知識を吸収し、その多様な知識をもとに、さらに今後の展開を予想しながら業務を進める必要があることも多くあります。新しい知識を習得する力は、必須の能力と言えるでしょう。

グローバルに展開するプロジェクトでは、複雑で不確実な要素もあるでしょう。グローバルリーダーには、高い水準の計画性や業務遂行能力などを持って、大規模なプロジェクトに取り組み、推進する能力が求められます。相手の話の意図や背景を深く理解し、自身の考えを正しく伝える能力も必要です。さらには、自分の力だけではなくチームメンバーの資質を把握しながら、個々のメンバーが能力を発揮する後押しをしなければなりません。

グローバルリーダーを求める企業は、評価基準を語学力に限定することなく、総合的な人間力の高さを確認することが重要になってくるでしょう。

グローバル人材・グローバルリーダーに求められる要件は多く、採用するのも育成するのも容易ではありません。はじめからグローバル人材として、申し分ない人材の採用を実現できるのは理想です。

しかし現実には、なかなか難しい面があると思います。そのため、グローバル人材になりえる「原石」の採用をファーストステージとし、その後自社で育成するという戦略が現実的だと考えられます。

また事業の海外展開や海外企業との業務提携など、自社の方向性を把握することが重要です。自社の事業特性やフェーズを踏まえて、求める人材要件を確定させなければなりません。政府の定義するグローバル人材はあくまで一般的な定義であり、自社のビジネスを発展させるための、具体的なグローバル人材像は、自ら検討する必要があります。もちろん、政府が挙げる語学力や異文化理解力、チャレンジ精神などは採用基準として考慮してもよいでしょう。その上で、自社では特にどういったスキルや能力を優先するのかを明確にし、それを備える人材の採用を目指します。不足している点があれば、採用後に育成すればよいと考えるわけです。また、選考段階でグローバルなスケールで仕事をしたいか否かのモチベーションを問うことも必要です。

グローバル人材の育成については、その方法を考える前に、人材の必要性や人材要件を組織全体に浸透させることが大切です。

異文化に対する先入観や固定観念を排除するとともに、ダイバーシティ（人材の多様性）を意識した組織づくりも求められるでしょう。世界で通用するコミュニケーション能力やマネジメント能力を育てるためには、文化の異なる相手のライフスタイルや価値観に配慮しつつ、自分の意見を主張するという高度なコミュニケーション術が必要となります。育成のためには、特定の「グローバル人材候補」向けにセミナーを実施したり、書籍で学ばせたりすることに加え、実体験を積ませることを意識するべきでしょう。

また、グローバル人材候補として採用した人材を、さらに「グローバル人材」として育成したい場合、さらなる教育環境の充実が求められるでしょう。採用した人材が能力を向上させられる環境を用意し、育成する教育プログラムの導入も検討すべきことの1つです。

このように、将来的に事業のグローバル展開を任せられるように、社員を育成する環境を整えることが効果的です。

社員に英語力向上を求める企業は増えつつありますが、グローバルリーダーに求められるビジネスレベル以上の語学力、加えて国際的な教養を身に付けてもらうには、より高い水準の研修や経験が必要です。その場合、全社員一律に提供する研修などでは限界があるでしょう。「リーダーとなりうる人材」を見極めて、国内での特別な研修プログラムを実施することに加え、「ビジネススクールに通う費用を負担する」「若いうちから海外での会議などイベントに参加させる」など、集中的に育成することが大切です。しかし全社員の中から少数を選抜するということは、選抜が不適切であれば、選ばれなかった社員のモチベーションを損なう危険性もあります。選抜は慎重に行う必要があります。

MBAとは「Master of Business Administration」の略で、「経営学修士」と訳され、ビジネスの専門家であることを示す「証明書」のようなものです。会計士、弁護士のように、法律で定められた業務独占資格ではありません。

日本から、海外のビジネススクールに留学する場合、語学力を判定する試験を受けて、基準以上であることが入学の条件になります。MBAには入学試験はなく、出願時に提出する資料から総合的に評価し、入学者を選ぶ方法が採用されています。書類審査の際に提出が求められる主な書類には、願書や卒業証明書に加え、ＴＯＥＦＬ等の英語のスコア、志望動機書、推薦状、職務経歴書などが挙げられます。

海外ＭＢＡ留学の価値は、経営学を学べるだけではなく、そこでの人脈形成や海外で暮らすことによる意識向上にあります。社内の優秀な人材をグローバル人材に育成する機会として期待できる一方、企業としては留学費用と不在期間の人員配置などの負担もあることを忘れてはなりません。双方を考慮した上での判断が必要でしょう。

グローバル人材・グローバルリーダーに求められる要件はいくつもありますが、何より相手の立場を尊重しつつ、自分の意見を主張できることが最も重要です。日本国内のビジネスでもこうしたコミュニケーションは必要ですが、海外展開を意識するのであれば、その重要性はさらに増すと考えられます。

グローバル人材を自社に確保するのであれば、戦略的な採用・研修体制が欠かせません。まずはどんな人材を自社が必要としているのか、経営層や人事（ＨＲ）担当、そして現場が一丸となって検討するべきでしょう。

4　ダイバーシティの重要性

また、このグローバル人材を育成するには、ダイバーシティを忘れてはいけません。

ダイバーシティとは、すなわち「多様な人材を活かす戦略」ということです。日本語では「多様性」という意味を持ち、特に企業経営の分野で、国籍、性別、年令、学歴、職歴、人種、民族、宗教、性的指向などの違いにとらわれず多様な人材を登用し、活かすことで、組織の競争力を高めようとする取組みのことを指します。

ダイバーシティの発端であるアメリカでは、1960年代の公民権運動で、マイノリティの権利が認められるまでは「すべてのアメリカ国民が1つの価値観に同一化すること」が一般的でした。しかし、公民権法等、アファーマティブアクションの出発点ともなる法律が施行されると、企業も法令遵守や、莫大な訴訟費用回避のために、「ダイバーシティ」の推進が必要不可欠になってきたのです。また、その後1980年代には、企業内のマイノリティ従業員を活用して、消費者の嗜好を反映させた製品・サービスの重要性が着目されるようにもなりました。

その後に登場した動きが、「ダイバーシティ&インクルージョン」の推進でした。直訳すると、「多様性&包括」、すなわち、多様な人材を活かし、それぞれの経験や能力を活かすということになります。単なるダイバーシティの時代には、企業が多様な人材を受け入れましたが、そこが働きやすい環境でなければ、社員の定着度は低く、採用や教育にかける企業の経費も莫大なものになります。社員1人ひとりの能力を活かし、企業の創造力を高めるためにも、社員のモチベーションを高めるような職場環境が必要とされました。そこで2000年頃から、アメリカでは「ダイバーシティ&インクルージョン」の考え方が出てきて、現在では、「インクルージョン&ダイバーシティ」とインクルージョンをより重要視する企業も現れていると言われています。

日本では2003年の日経連のレポートがきっかけで、この考え方が浸透し始めました。これはアメリカと同様に、将来の人口構成、労働力人口変化の予測が引き金となったのですが、人口減少が具体化し、団塊世代の定年退職が現実的なものになってきてはじめて、日本企業は女性や高齢者の雇用継続に真剣に取り組むようになったのです。結果、ダイバーシティ推進室などの組織を通じて、主として「女性活躍推進」のためのダイバーシティ推進施策が数多く実行されてきました。

しかしながら日本の企業の多くは、ダイバーシティ推進を「女性活躍推進」と同義語化しており、男性を含めた個人の能力や価値観の尊重ということが理解されているとは言い難いのが現状です。また、「女性の活躍または活用推進」という理解から、ダイバーシティ＆インクルージョンの推進が経営上の戦略的課題であるという認識に欠けていて、この分野の推進の優先順位が低いことが課題です。

現在、日本企業の多くは、グローバル展開もしくはアジア市場への本格的進出を戦略課題としています。外国籍の社員の採用も増加していると聞きます。しかし、真の意味のダイバーシティである、「様々な属性の違いを超えて、１人ひとりの価値観と能力を認め合い、組織の目標を達成する」という観点が欠如していては、海外でのマーケティング活動、現地社員の動機づけ、日本国内の外国籍社員の活躍などに重大な支障をきたすと思われます。

自社にとって、ダイバーシティ＆インクルージョンの推進が経営目標達成のためにどのような意味を持つのかを社内で討議し、経営者が「ダイバーシティ＆インクルージョンの推進はわが社の経営戦略上の重要課題である」という強い確信を持って、社内の意思統一を図ることが、まず大切です。

「ダイバーシティ＆インクルージョン」とは、従来の企業内や社会におけるスタンダードにとらわれず、多様な属性（性別、年齢、国籍など）や価値・発想を取り入れることで、ビジネス環境の変化に迅速かつ柔軟に対応し、企業の成長と個人の幸せにつなげようとする戦略です。外見上の違いや内面的な違いに関わりなく、すべての人が各自の持てる力をフルに発揮して、組織に貢献できるような環境を作ることが大切であり、人種、国籍、言語、性別、年齢、容姿、障害の有無などの外見的な違いだけでなく、価値観、宗教、生き方、考え方、生活、性的指向、趣味、好み、働き方、さらには時間制約といった様々な内面の違いや個人の事情をも受容することが必要不可欠なのです。

第4章

テクノロジーの進化と仕事——変化④

1　2030年のテクノロジー

本節では、2030年までに実用化されることが想定されるテクノロジーや、その進化がもたらす我々の仕事や働き方への影響について見ていきます。

要旨として、本書のテーマである2030年に実用化が想定されるテクノロジーの概要を把握し、その中でも我々の仕事への影響が大きいAI・RPAを具体的に見ていきます。このAI・RPAの進展にホワイトカラー業務の自動化があり、この進展に伴う就業者数の変動、求められる仕事やスキルの質的な変化について考えています。

まずは、2030年までに実用化されることが想定されるテクノロジーを見ていきます。

①　経済産業省：「新産業構造ビジョン」

最初に紹介するのは、第4次産業革命です。具体的にはAIやビッグデータ・5Gなどの次世代技術を組み合わせて既存の産業構造を変革していくもので、2030年にかけて社会への浸透が進むことが想定されています。

2017年に発表された、経済産業省の「新産業構造ビジョン」は、技術革新によって、あらゆる構造的課題にチャレンジし、解決していく、そしてそれを経済成長にもつなげ、1人ひとりにとって、

図表4-1 第4次産業革命技術の社会実装

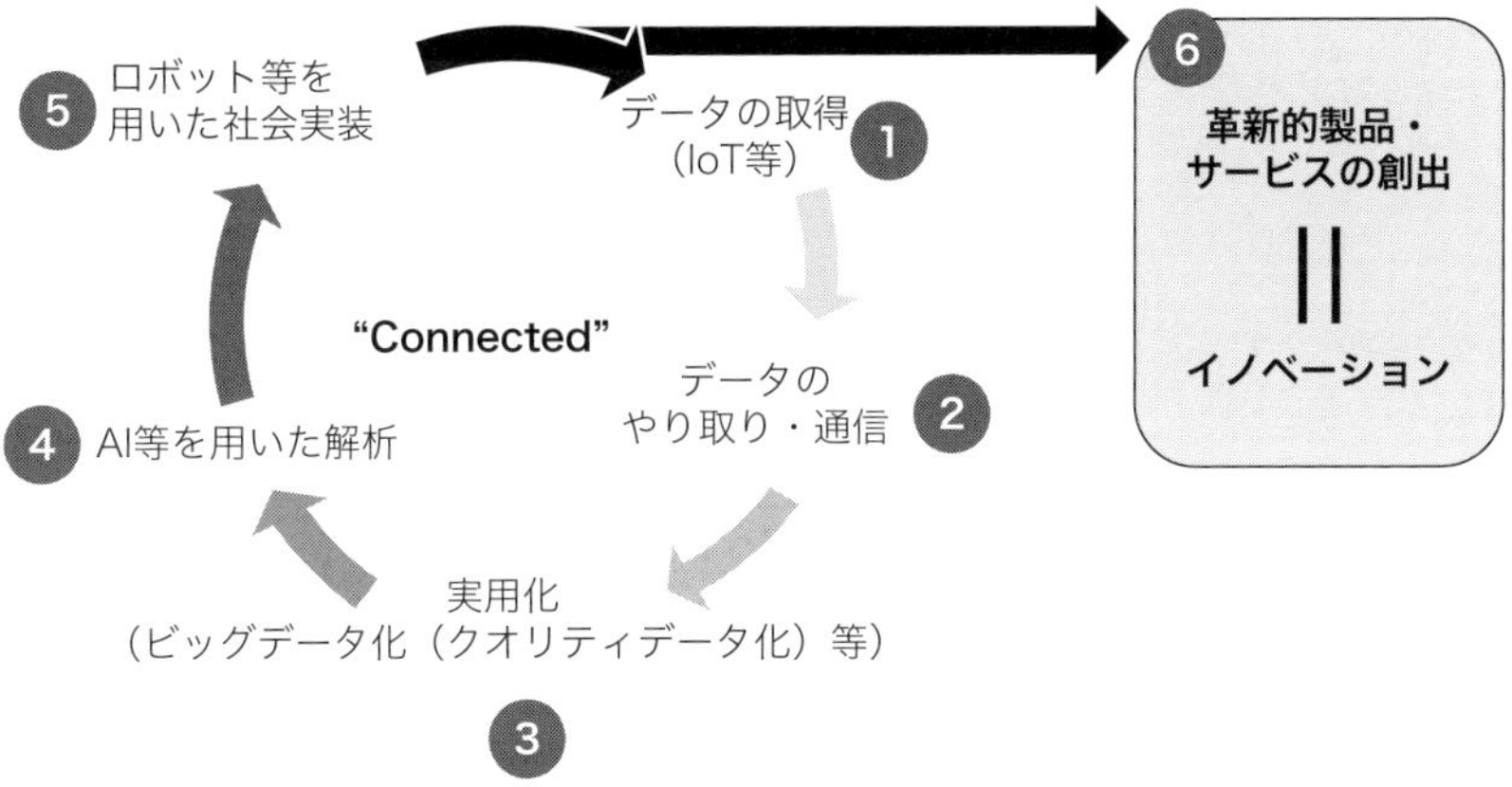

出典：経済産業省「新産業構造ビジョン　一人ひとりの、世界の課題を解決する日本の未来」
https://www.meti.go.jp/press/2017/05/20170530007/20170530007-2.pdf

より豊かな社会を実現することを目的に策定された２０３０年へのロードマップになります。

この中で語られるキーワードとして、第４次産業革命技術の社会実装があります（**図表4-1**）。

第４次産業革命とは、蒸気機関による動力の獲得（第１次産業革命）、電気による動力の獲得（第２次産業革命）、コンピュータによる情報処理の自動化・高速化（第３次産業革命）から、ＩｏＴ、ビッグデータ、人工知能（以下「ＡＩ」）、ロボットに代表される技術革新により、大量の情報をもとに人工知能が状況に併せて最適な処理をするようになることを示しています。

具体的には次の流れです。

1. 実社会のあらゆる事業・情報のデータ化（ＩｏＴ）
2. 大量のデータを高速大容量通信により瞬時に共有（５Ｇ）
3. 集まった大量のデータを分析し、新たな価値を

生む形で利用可能にする（ビッグデータ）

4．機械が自ら学習し、人間を超える高度な判断を行う（ＡＩ）

5．多様かつ複雑な物理的な作業の自動化（ロボット）

この1～5のサイクルを回すことで、革新的な製品・サービスを創出し、この価値創出の流れを現在のあらゆる産業に取り込んでいくことが、第４次産業革命技術の社会実装です。

具体的な例としては、自動運転車がイメージしやすいでしょう。

1．車に走行データを取得するセンサーを実装し、

2．取得されたデータを自動運転車メーカーのサーバーと瞬時に共有する。

3．この蓄積されたデータを参照して、

4．学習したデータからＡＩが運転操作を判断、

5．ロボットが自動運転車を操作

1～5の人間が行っていた一連の情報収集・意思決定・行動のプロセスを機械が代替するようになることが、２０３０年に向けた産業の変化と言えます。

この技術革新のサイクルは製造業に限らず、小売業ならＡｍａｚｏｎＧＯのような無人コンビニもこのサイクルに則っているなど、業界の垣根を越えたものとなっています。

このサイクルにより起こり得る変化として、

1．大量生産・画一的サービス提供から個々にカスタマイズされた生産・サービスの提供
2．すでに存在している資源・資産の効率的な活用
3．ＡＩやロボットによる、従来人間によって行われていた労働の補助・代替

が想定されます。

②　総務省：「2030年以降へのICTビジョン」

その他の、２０３０年に実用化が期待される技術を発表しているものとして、総務省が２０１８年に発表した「２０３０年以降へのＩＣＴビジョン」があります。

このレポートでは、総務省内で「未来デザインチーム」を結成し、ベンチャー経営者やシンクタンクの意見を踏まえ、今後の日本で人口減少や緊縮財政を前提としたときに、何を柱に将来の需要創出を図るべきかを考えています。ここでは技術について、「２０３０～２０４０年頃にどんな社会が到来するか？」をイメージし、それと連動する技術の未来像が描かれています。

そこで描かれている２０３０年代のテクノロジーとは、次のようなものです。

AIが人の代役に

- 民事調停の調停案をＡＩが提示
- 監督の演出意図を理解するバーチャル俳優がデビュー
- 歩行者と車がやりとりし、信号が事実上不要に

・ＡＩ秘書やＡＩ教師を登用

ヒトと機械が共存・協調する社会

・体内へのデバイス埋め込みが実現
・着るだけで体調がわかる衣服が普及
・ドローンを使った配送が拡大
・自分の脳で考えている内容を目や耳を介さずに他人の脳に伝達

これらの技術が実用化に向かうとされており、他にも様々な技術が紹介されていて、今後のＡＩやロボティクス等の技術の進展や普及が予想されています。

2　雇用への影響が予想されるＡＩ・ＲＰＡ

２０３０年代に向けた技術トレンドについて紹介してきました。これらのテクノロジーの進化により、労働生産性の向上や、需要創造による経済の活性化というメリットがある一方で、雇用減少のデメリットが想定されています。

本節では、実用化が想定されるテクノロジーの中でも、これからの仕事への影響の大きさから、ＡＩとロボティック・プロセス・オートメーション（以下「ＲＰＡ」）を取り上げます。

①　AIとは

まず、AIと言っても、汎用型AIと、特化型AIに分けられ、現在、我々が活用しているのは特化型AIになります。過去のデータから学び、特定の状況に対応した最適解や将来予測を見つけ出すことが特徴です。有名なものでは囲碁の人間世界一を破ったアルファ碁などが該当します。

また、汎用型AIはドラえもんを想像するとわかりやすく、意思を持って自律的に思考し、目的すら自分で設定します。この汎用型AIは技術的な壁があり、実用化には時間がかかりそうですが、この汎用型AIが生まれると、AIが人間の能力を凌駕するシンギュラリティが起きると言われています。

現状の特化型AIでも雇用への影響は大きいと考えられており、最も話題になったのが、野村総合研究所（以下「NRI」）と英オックスフォード大学マイケル・A・オズボーン准教授およびカール・ベネディクト・フレイ博士との共同研究（2015年）です。この研究は、日本国内601種類の職業について、それぞれ人工知能やロボット等で代替される確率を試算したものです。その結果、10～20年後には、日本の労働人口の約49％が就いている職業において、自動化・ロボット化の影響を受けると予想しています。

その中で、「20世紀は「ロボットが製造業を自動化」し、21世紀は「AIがオフィスを自動化」する」と予想されており、弁護士や会計士などの高度なホワイトカラー業務にあたるものでも、業務の一部はAIに代替されていくという結論を出しています。

②　ＲＰＡとは

次にＲＰＡとは、デスクワーク（主に定型作業）を、パソコンの中のルールエンジンやＡＩなどの技術を備えたソフトウェアが代行・自動化する概念を指します。

一見するとＥＸＣＥＬのマクロのようにパソコン作業を自動化するツールを想像しがちです。現段階では、デスクトップ上の作業の代行が主ですが、今後はノンプログラミングでできるＲＰＡツールが開発されることで普及が加速し、２０３０年前半にはＡＩ搭載型のＲＰＡの導入が進むことで、単純作業だけでない思考や判断を伴う業務領域も代行できると考えられています。

事例として、武田薬品工業では、ＲＰＡにより臨床試験に伴う事務作業の効率化を想定しており、年間４６０万時間の事務作業を自動化できると武田薬品工業は見込んでいます。これはフルタイムの従業員約２０００人に匹敵する数字です。ちなみに社員数は２０１９年時点で４万９５７８名のため、雇用を維持する場合は、およそ22名に1名の余剰人材が生まれることになります。

さらに、このＲＰＡによる業務の効率化で揺れ動いているのは金融業界でしょう。２０１７年、三菱東京ＵＦＪ銀行では2万時間、三井住友銀行では20万時間をすでに削減したと発表されており、この動きはより加速することが予測されます。

このように、ＲＰＡはホワイトカラーの業務の効率化を実現し、ＲＰＡへのＡＩ搭載が進むことで、定型業務に限らない幅広い業務が自動化されることが考えられます。

3　データとデジタル技術が我々の仕事に与える影響・変化

このように、新しいデジタル技術が、我々の社会に浸透し、生活を変えていくことをデジタルトランスフォーメーション（以下、ＤＸ）と言います。

経済産業省の定義では、「企業がビジネス環境の激しい変化に対応し、データとデジタル技術を活用して、顧客や社会のニーズを基に、製品やサービス、ビジネスモデルを変革するとともに、業務そのものや、組織、プロセス、企業文化・風土を変革し、競争上の優位性を確立すること」とされており、先ほど紹介した武田薬品工業や三井住友銀行の事例のように、データやデジタル技術を活用して優位性を確立できるかが今後の企業業績を分けるとも言われています。

データとデジタル技術の進展による我々の仕事への影響は、仕事の「質」の変化です。

当然、データとデジタル技術を使いこなせることが重要であるとともに、ＡＩ・ＲＰＡが代替することで余った労働時間で、より人間でしかできない仕事に注力し、付加価値を生むことが必要になります。

例としてよりわかりやすいよう、経済産業研究所コア研究員、立命館大学客員教授でもある海老原嗣生氏が著書『「ＡＩで仕事がなくなる」論のウソ』の中で挙げている、仕事における7分類の業務を紹介します。

①　人材管理・育成
②　専門知識を意思決定、プランニング、クリエイティブな仕事に活用
③　ステークホルダーとの接触
④　予測不可能な環境で身体活動を行って機械を操作
⑤　データ収集
⑥　データ処理
⑦　予測可能な環境で身体活動を行って機械を操作（ここで言う予測可能な環境とは、農業のように天気等の変数が多すぎる場合は予測不可能、工場のライン作業のように定常的な環境の場合は予測可能としています）

海老原氏は、今後、①〜④はＡＩやロボティクス技術による代替はされず、⑤〜⑦は代替されると予想しています。

ただし、⑤〜⑦に該当しても、費用対効果面でメリットがあることが必須で、かつ、日本のメンバーシップ型の雇用では労働者の業務領域は明確に定められていないケースが多く、①〜⑦までの業務を多様に行うため、ＡＩ・ロボティクス技術が進んでも、業務における①〜④の比重が重くはなるものの、ＡＩ失業が瞬時に起こることは考えづらいと述べています。

さらには、ＡＩ・ロボティクス技術を活用するデータサイエンティストのような新しい職業も生まれているため、雇用が簡単に失われるとは考えにくいでしょう。

また、この著書において、大胆に予想しているのが、２０３０年頃の雇用の需給ＧＡＰです。タイトルが『「ＡＩで仕事がなくなる論のウソ」』であるように、ＡＩは失業を生むだけなのかを考察した本なのですが、そもそも少子化に伴う労働力不足で、２０３０年頃には２０１８年時点から６５３万人の労働力が減少すると予想しています。一方、ＡＩ・ロボティクス技術によりホワイトカラーである事務職の効率化による雇用減少で３１０万人、製造・建設業・流通業の効率化による雇用減少で２６０万人、その他技能実習生・留学生の受け入れで70万人、合計６４０万人の労働力需要が減ると計算しており、少子化による労働力減少と相殺した結果、13万人程度の労働力不足が発生すると予想しています。この13万人については、女性や高齢者の労働参加を促していくことで解消すると説明しています。

また、類似の研究が２０１９年にパーソル総合研究所と中央大学の共同で『労働市場の未来推計２０３０』として出されています。

ここでは、２０３０年には６４４万人の労働力の減少が発生すると予想しており、特に産業別ではサービス業で３００万人、医療・福祉で１８７万人の不足を見込み、職業別では専門的・技術的職業従事者（研究者、医師、保育士、等）で２１２万人、事務従事者（庶務・人事・企画事務員、秘書、会計事務従事者等）で１６７万人の不足を見込んでいます。

また、この集計は、実質賃金を２０１７年の１８３５円から、２０３０年には２０９６円に上昇させた前提での試算（年率０・87％上昇）のため、企業は少子高齢化で不足する労働力に対して、賃上げをしながらＡＩ等の技術力で生産性を高め、女性や高齢者、外国人の多様な労働力を取り込むことが求められるという結論を出しています。

海老原氏の予測もパーソル総合研究所・中央大学の予測も、少子高齢化が進む２０３０年でも雇用の受け皿（労働者を受け入れる労働需要・量）はあるという結論ではあるのですが、当然受け皿だけでは意味がなく、新しい仕事に対応したスキル・能力（労働者の能力を発揮する質）が求められます。先述の7分類の業務のように、２０３０年に向けてその中身が変わっていくのが今後の我々の仕事の変化です。この仕事の「質」の変化の方向性としては、ＡＩ・ＲＰＡなどの技術を使いこなすための①専門化の進展、より人間的で非定形な業務を担う②職務の多様化、の大きく2つが考えられます。①②のトレンドに対応するため、人事は新しい業務へと労働者を社内で移転させるか、社外から調達する必要があり、社内外での雇用の流動化が加速すると考えられます。そのような情勢に対応するため、今後の方向性として、

1. 新しい業務に対応するための社員再教育（生涯教育）やキャリア支援
2. 新しい業務の成果・能力に対応した評価制度
3. 社内外雇用の流動化（陳腐化したスキルを保有する人材の降格・代謝と新業務に適合した人材の登用・採用）

が求められます。この教育・評価・配置に対する方向性は、後段「第2部第9章　報酬」および「第2部第10章　根本的に変わる評価」で見ていきます。

第5章

働き方、ライフスタイル——変化⑤

1　労働者の多様化――外形的変化

2030年には、いよいよ人口減少に伴う労働力不足が本格化します。労働人口の中核となる生産年齢人口が、2015年から2030年にかけて852万人減少することは「第1部第2章　人口減少・少子高齢化の衝撃」で述べたとおりです。この解消の一手として、これまでの伝統的な労働者像（20～64歳の日本人男性）に限らず、女性・高齢者・外国人など、多様な人材を雇用する施策がとられてきました。その結果、現在ではすべての属性で増加を示していて、労働者の多様化が進みつつあります。

女性労働者については、2012年を境に右肩上がりであり、2019年には2992万人に達しました。これにより、女性就業率は7割を超過しました。特に、25～44歳の女性就業率は77・7％となっていて、これは2010年に閣議決定された「25歳～44歳までの女性就業率73％」という目標を優に超えた数値です。この10年間で女性就業率が10％以上伸びたことを踏まえると、2030年には男性と遜色ない就業率を目指すことも、充分現実的と言えます。

また、20代後半～30代後半にかけて出産・育児を理由にした離職を表す「M字カーブ」も、年々解消されつつあります。このM字カーブについては、先進国の中でも日本の特徴として、長年問題視され続けていました。しかし、独立行政法人労働政策研究・研修機構による「データブック国際労働比較2019」の年齢階級別女性労働力率の国際比較を見ると、大きく改善していることがわかります。

図表５-１ 年齢階級別女性労働力率（国際比較）

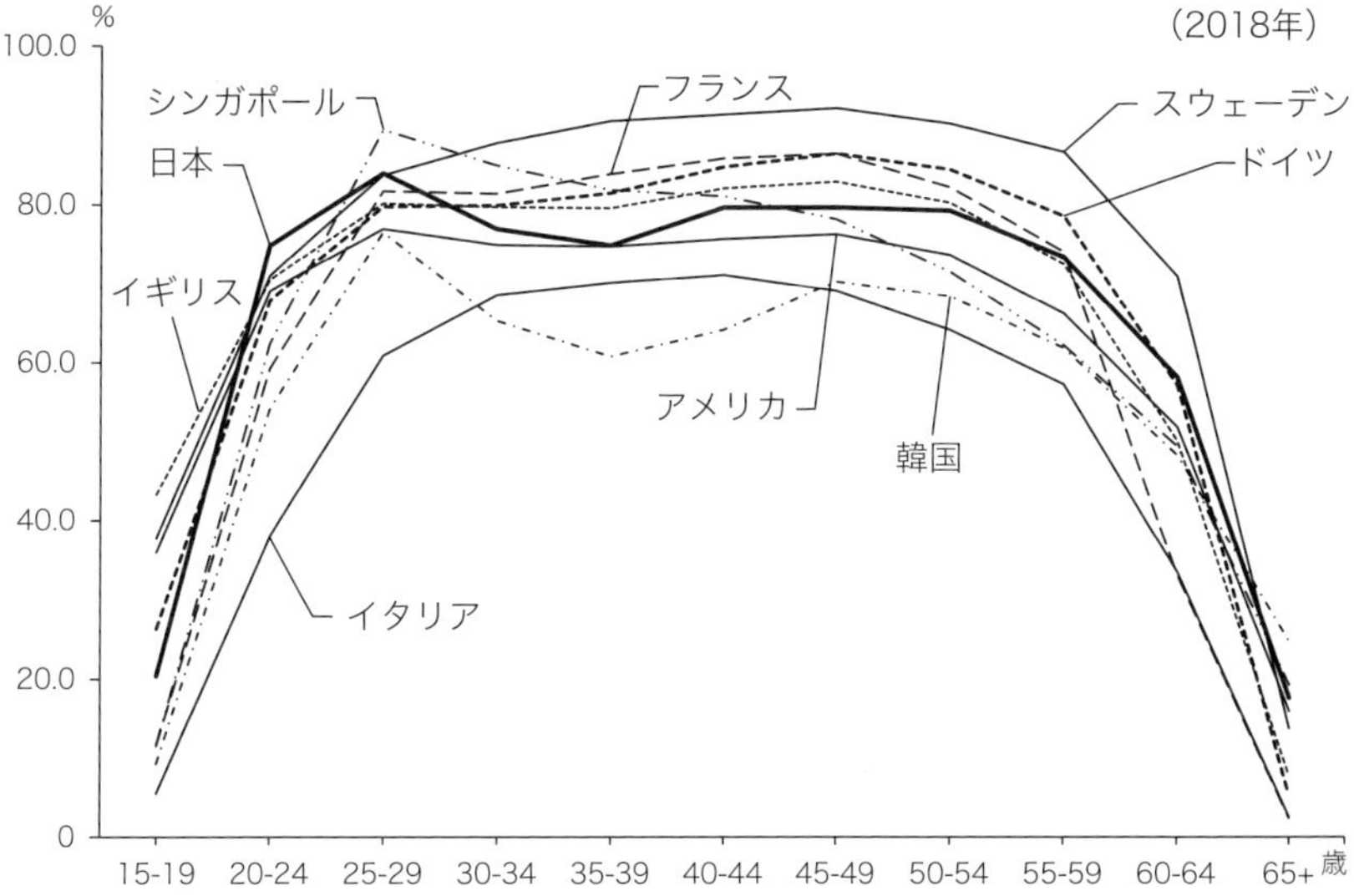

出典：独立行政法人労働政策研究・研修機構「データブック国際労働比較2019」
https://www.jil.go.jp/kokunai/statistics/databook/2019/02/d2019_G2-5.pdf

女性活躍が進んでいるＥＵ・シンガポールに次いで、日本の20代後半～30代後半の就労が進んでいることを示す曲線を描いています（**図表５-１**）。このデータからも、日本の女性活躍は、量的には順調に進んでいると言えるでしょう。

また、高齢者の労働者数も同様に毎年増加しています。65歳以上の高齢労働者数は、ここ10年間以上、増加の一途を辿っています。２０１９年には８９２万人となっていて、高齢者の４人に１人が就業継続しているという数値になります。この傾向が２０３０年まで続く場合、高齢労働者の推測値は約９１６万人となります。しかし、実際には就業率はさらに増加するでしょう。就業率が現状よりも２%上がった場合、高齢労働者は１０００万人に達します。

外国人雇用も進んでいます。２０１９年

の外国人労働者数は約166万人であり、前年から約20万人の増加です。着目すべきは、高度外国人材に該当する「専門的・技術的分野の在留資格」であり、2019年時点で329万人となっていて、前年と比較すると約5万2000人の増加となっています。大卒ホワイトカラーや専門職を想定した層ですから、企業の職場への影響が最も大きくなります。

現在に至るまで、女性活躍推進や、定年延長、外国人労働者受入などの施策を通じて、女性・高齢者・外国人活用が進められてきました。これによって、労働者の多様化は着実に進められ、2030年に向けてまだまだその比率を高めていくでしょう。その場合、人事管理上の課題として、これまでの働き方の前提条件から大きく脱却しなくてはなりません。従来であれば、主流の労働者は20～60歳の男性労働者でした。彼らは一家の大黒柱として、配偶者や子どもを1人で扶養することが、期待役割であり、そのためには、フルタイム勤務・出世志向でなければ充分な稼ぎを得られませんでした。長期にわたって安定・拡大する収入を得るために、全国転勤・単身赴任のように、自身のライフスタイルに大きく影響を与える辞令も受け入れていました。このような働き方の考えでは、当然ながら女性・高齢者・外国人雇用を安定して継続することは不可能です。女性であれば、出産・育児を希望する人が多いことからも、それらに必要な時間が削られるような働き方は忌避します。また、子どもを持つ者であれば、子どもの転校が伴うような転勤や単身赴任も、受け入れがたい辞令です。高齢者の場合は、健康状態・資産状況等が個人によって大きくバラつくことから、希望する労働時間や受け入れられる負荷が異なります。健康状態の点からフルタイム勤務が難しい人もいれば、資産に余裕があることにより、雇用継続は希望してもフルタイム勤務は希望しない人もいるでしょう。外国人労働者については、言語・文化的価値観が大きく異なることから、社会的文脈に依存した曖昧な指示というものは通りにくく、明確に言語化しなければトラブルのもとになります。特に働き方については、ジョブ型雇用が当然の国の出身者であれば、日本のメンバーシップ型雇用やそれを前提とした指示というのは、理解が得にくいことが考えられます。多様な労働者を安定的に雇用して、個人が持つ能力の発揮を最大化し、生産力を高めるためにも、従来の働き方は抜本的に見直されなければなりません。

ここまで、労働者の属性という観点から多様化が進んでいることを指摘しましたが、雇用形態の現状についても見てみましょう。過去からの推移を見ると、その数を増やしているのは、パートタイマーです。2019年には1047万人となり、その約9割にあたる924万人が女性です。女性労働者を雇用形態別に2010年・2019年で比較すると、正社員は約110万人の増加ですが、パートタイマーは160万人の増加となっています。また、65歳以上の高齢者も、非正規雇用の割合が高く、高齢労働者の4人中3人が非正規雇用となっています。現在の労働者の多様化は、非正規雇用者の増加によってなされていることがわかります。

直接雇用として組織に属するのではなく、フリーランス（個人事業主）としての働き方についても、現在注目されています。内閣官房日本経済再生総合事務局によると、現在のフリーランス人数は約462万人と推定されています。当該結果やフリーランスのマッチングサービスの登録者数・取引実績を勘案して、一般社団法人プロフェッショナル&パラレルキャリア・フリーランス協会は、「フリーランス白書2020」において、フリーランス人口が増加傾向にあると指摘しています。フリーランスは組織外の立場から職務を遂行するため、案件ごとに契約締結することになりますが、その際にトラブルが生じることも少なくありません。内閣官房日本経済再生総合事務局の調査においては、取引先とのトラブルを経験したフリーランスの内、5割が、対企業との取引を行っていた者と指摘しています。また、一般社団法人プロフェッショナル＆パラレルキャリア・フリーランス協会の調査から、トラブル内容として最も多かったものは報酬遅延であり、次いで契約の一方的な変更、あらかじめ定めた報酬の減額と続きます。フリーランスという立場の弱さに起因したトラブルであることがわかります。

これらの調査結果から、非正規雇用者・フリーランスといった立場からの労働参加も増加傾向にあると言えます。これらの人々は、自身の立場にかかわらず高いモチベーション・モラルで働き、成果を出すことによって、組織の生産力を高めていかなくてはなりません。非正規雇用については、同一労働同一賃金の強化等により、処遇改善が図られてきましたが、フリーランスについては、未だに不当な扱いを受けている面が否めません。今後、労働参加の立場についても多様化することを見据えると、改善すべき人事課題の1つと言えます。

2　労働者の多様化――内面的変化

労働者の多様化は、性別や年齢といった外形的な変化に留まらず、価値観といった内面的な変化にも生じています。価値観の変化は行動変容として表れ、新たなライフスタイルとして認知されていきます。行動・ライフスタイルのように、価値観によって影響を受ける個人の特徴を、荒金雅子氏

図表5-2　単身世代の将来予測

単身世帯の拡大

●単身世帯は2040年に39.3%まで拡大し，最大の世帯類型に。

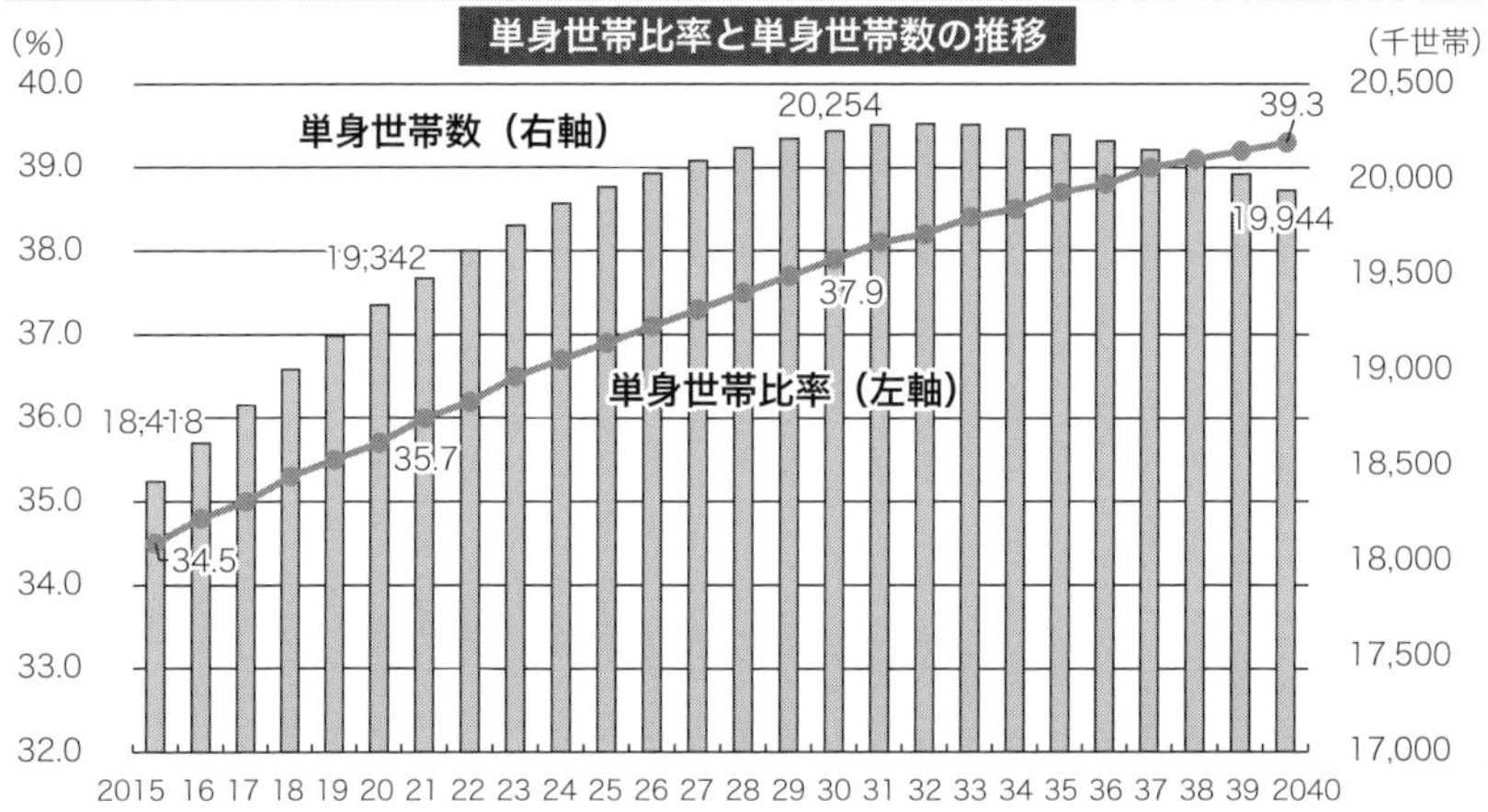

資料：国立社会保障・人口問題研究所『日本の世帯数の将来推計（全国推計）』（2018（平成30）年推計）より作成。
出典：経済産業省「2050年までの経済社会の構造変化と政策課題について」
https://www.meti.go.jp/shingikai/sankoshin/2050_keizai/pdf/001_04_00.pdf

（２０１３）・中村豊氏（２０１７）は、ダイバーシティ分類における「可変的な属性」として分類しています。

これらの可変的な属性について、いくつかの統計データから、変化しつつあることが伺える結果が出ています。

第一に、生活の基盤となる住居・暮らし方についてですが、今後の労働者は都市圏の単独世帯者が中心になることが予想されます。国内の人口移動は、常に地方から都市圏への移動となっており、地方の人口減少の一因となっています。この背景には、魅力ある雇用が都市圏に集中していることがあると考えられます。また、単身世帯数比率は増加の一途を辿っており、経済産業省の予測では、２０４０年の世帯類型は単身世帯が最大になると指摘しています（**図表５－２**）。

図表5-3 50歳時の未婚割合の将来予測

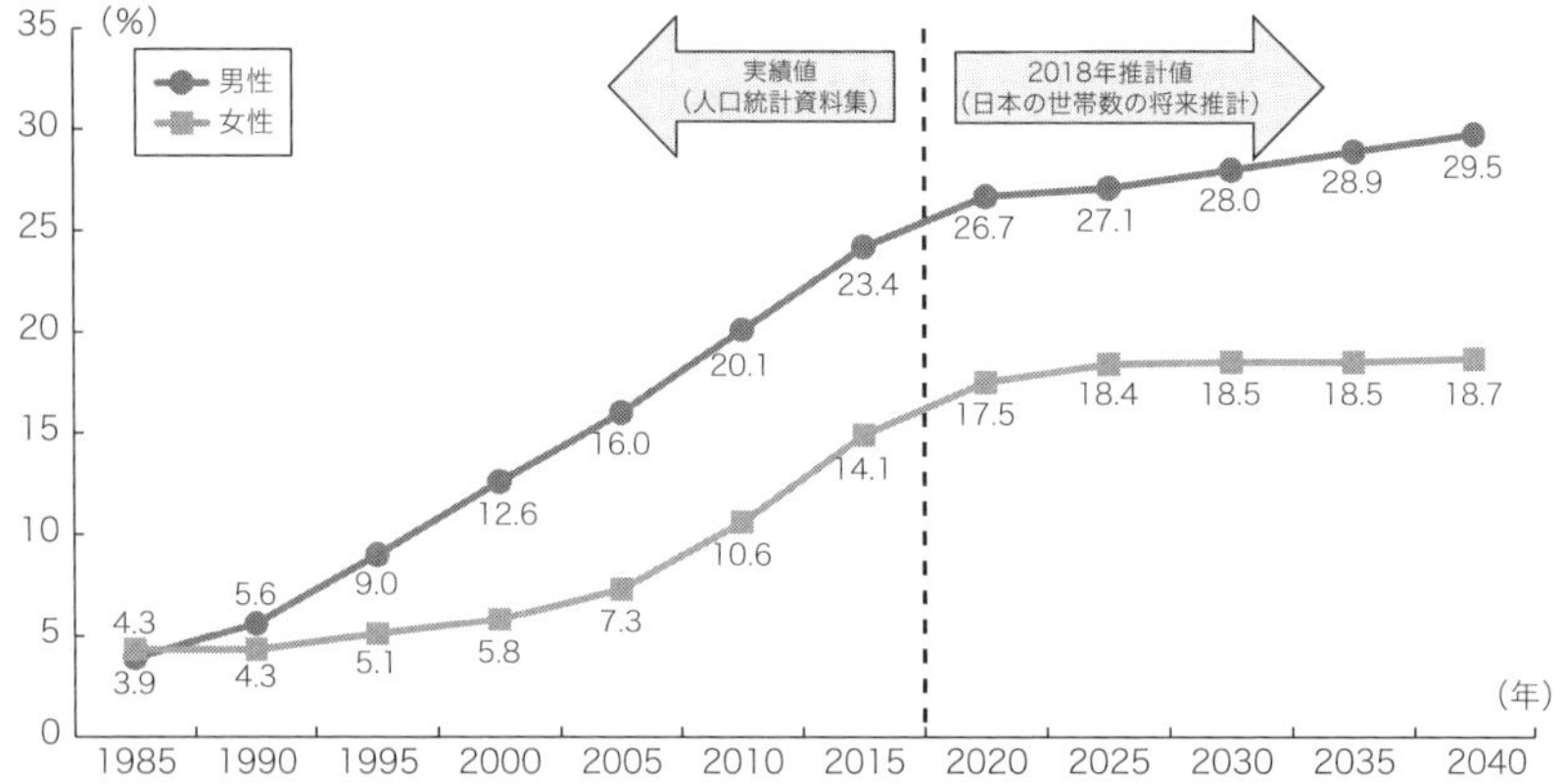

資料：国立社会保障・人口問題研究所「日本の世帯数の将来推計（全国推計）（2018年１月推計）」、「人口統計資料数（2018年版）」

注　：50歳時の未婚割合は、50歳時点で一度も結婚したことのない人の割合であり、2015年までは「人口統計資料集（2018年版）」、2020年以降は「日本の世帯数の将来推計」より、45～49歳の未婚率と50～54歳の未婚率の平均。

出典：厚生労働省『平成30年版　厚生労働白書』
https://www.mhlw.go.jp/wp/hakusyo/kousei/18/dl/2-01.pdf

それを裏打ちするかのごとく、未婚率も年々上昇しています。厚生労働省は、２０４０年の未婚率は男性で約３割、女性で約２割になると予測しています。これらの結果から、都会で働き、一人暮らしをする独身者が、標準的な労働者のライフスタイルになりそうです（**図表5-3**）。

その場合に懸念されるのは、労働者の貧困化です。都会での一人暮らしは、物価・税率・社会保険料が高く、将来的にも減少することはあり得ません。現在の賃金水準では、可処分所得が圧迫され続け、生活を維持することが不可能です。企業には労働者の生活安定に対する責任があります。社員に対して充分な水準の賃金を支払えず、貧困を招くことは、社会通念上から言っても許されることではありません。これを回避するには、社員に対する賃金水準を大きく引き上げるというのも、1つの打ち手でしょう。他にも、単独世帯というコストが大きいライフスタイルではなく、世帯収入の向上および生活費の効率化のため、複数世帯を推奨していくという考え方もあります。2030年には、婚姻率の向上やルームシェアの支援を行うといった施策が、社員に対する福利厚生として提供される時代になるかもしれません。

労働者の多様化は、働き方に関する志向についても及んでいます。バブル崩壊後のリストラにより、終身雇用神話も崩壊しました。その後、人材流動性と労働者需要の高まりにより、労働市場が活性化し、現在に至ります。2017年のリクルートワークスの調査結果から、「初職が正規雇用」「退職経験なし」という終身雇用型のキャリアを築いている男性は、30～50代ですでに半数を下回っていることが判明しました。

実際に転職者数は2019年で過去最多となり、リーマンショック前の水準を上回る351万人となりました。年代別の転職者比率を見ると、34歳以下の若手社員での増加が顕著です。35歳以上については緩やかな上昇傾向となっています。転職理由についても、「より良い条件の仕事を探すため」が最も多く、会社都合による離職は、2019年で増加したものの、過去10年で見れば減少傾向にあります。処遇向上目的の転職は、現代において一般的な選択肢になっていると言えます。

また、公益財団法人日本生産性本部が毎年行っている新入社員意識調査からも、興味深い結果が表れています。2019年の新卒社員の就業意識における多数派は、「働き方は人並みで充分」であり、「仕事よりも私生活中心」のワークライフバランス意識を持つ、というものです。過去推移で見ると、実はほとんどの時代において、このような意識の新入社員の方が多いのですが、2019年の特徴としては、「働き方は人並みで充分」と回答した人の割合が過去最多となっています。また、深掘りした質問として、「デートの約束があった時、残業を命じられたら、あなたはどうしますか」に対する回答では、「デートをやめて仕事をする」人が約6割、「ことわってデートをする」が約4割となっています。前者のほうが上回っているものの、過去との推移で見ると、2015年を境に減少傾向となっています。また、これらの回答結果においては、1990~91年頃も、現在と似たような動きを示しています。時代背景の共通点としては、労働需要の高さが挙げられます。新卒有効求人倍率が高い年度は、新卒社員の意識が生活志向に偏る傾向にあります。100社にエントリーしてようやく内定を獲得できた時代と、1人で複数社の内定を獲得できる時代とでは、その後の就業意識にも顕著な影響を与えることが推測できます。少子高齢化は今後も続くことから、この傾向も同様に継続することでしょう。

3 社会の成熟化

日本社会の成熟化に伴い、法整備が進められたり、企業倫理が求められたりして、企業に期待される行動や責任も大きくなっています。コンプライアンスへの対応は、その最たるものと言えるでしょう。人事管理においても、法的動向や国民のモラル意識の高まりは見逃せません。その結果、企業が整えるべき働き方に影響を及ぼしています。例えば、2016年を皮切りに、政府主導の働き方改革が推進されてきました。その影響力は大きく、今や多くの企業が、残業時間の抑制や賃金の見直し等を行っています。２０３０年に向けて、社会はより成熟していくでしょうから、企業に対する倫理的行動の要求はさらに求められるようになります。

働き方改革と聞くと、まず真っ先に思い浮かぶのは、働き方改革関連法です。すでに施行されていますが、今後もより効果が高くなるように見直しが図られるでしょう。例えば、同一労働同一賃金への対応はさらに厳格化され、正社員・非正社員の間の不合理な格差がほぼなくなることが予測できます。反対に言えば、格差を設けるためには、職務内容や責任範囲の観点で合理的に説明できるようになっていなければなりません。正社員・非正社員の違いについて説明できるよう、それぞれに与える職務・職責を明文化することが、当然の流れとなることでしょう。一方で、反対意見が強く、議論が進まないであろう点として、労働成果主義賃金の適用範囲の議論があります。日本における賃金とは、原則として労働時間を対価としていて、労働成果によるものではありません。事業運営における成果とは、社員の成果の総和であることを考えれば、同じ成果量であっても労働時間は少なければ少ないほど効率が良いはずです。よって、時間効率の良い社員が評価・処遇されることが、時間あたり生産性の向上につながります。これを実現するためには、労働成果によって賃金を決める労働契約が最も合理的です。こうした期待により政府によって議論されたのが、「高度プロフェッショナル制度」ですが、現状は年収１０７５万円以上といった適用規制があり、一般的な正社員には無縁な制度となっています。労働者保護の観点からの反対意見が強く、社員は何を対価とすべきか、そのパラダイムシフトは未だ遠い道のりです。

また、定年延長の議論についても見逃せません。高年齢者雇用安定法の改正が決定しました。

2021年4月から、高齢者の希望次第で70歳までの就業機会を確保することを、企業の努力義務とすることとなりました。これが努力義務ではなく義務化されるのも、時間の問題でしょう。厚生労働省によると、現在の平均余命は、男性で約81歳、女性で約87歳となっています。一方、「日常生活に制限のない期間」である健康寿命で見た場合は、男性で約72歳、女性で約75歳となります。今後、医療の発達や健康意識の高まりから、平均余命・健康寿命が延長していけば、さらなる定年延長が求められる可能性があります。いよいよ「生涯現役」が主流の働き方になり得るということです。

その一方で、厚生労働省では解雇の金銭的解決制度における検討を始めています。現在の日本の解雇規制は非常に厳しく、滅多なことでは実施ができません。経済成長が続いている社会であれば、雇用の安定によってもたらされる社員定着率や、事業の安定化といったメリットが大きかったのですが、現在の環境化においては、余剰人員と化した社員に人件費を支払い続けなければならず、人件費の高騰や人件費配分の非効率化といったデメリットが顕在化してしまっています。また、労働者にとっても、ミスマッチであった企業と定年まで契約し続けるよりも、早い段階で自身に合った企業へ移るほうが、人生の幸福追求の観点ではメリットが大きいと考えられます。これからの日本においては、労使ともに納得できる円満な解雇のあり方の整備が必要です。

法的整備の観点だけでなく、CSRの観点からも企業に対する要求は高まるでしょう。2020年においても、CSRの一環として人材の多様性を挙げている企業が複数存在します。今はまだ、大手企業を中心とした、雇用意識の高い企業の取組みにとどまっていますが、今後は中小企業にも波及することになるでしょう。2030年においては、人材の多様化を示す指標が作られ、「人材が多様化していないのは、多様な人材を定着させられるような働き方が用意されていない、働きにくい企業だからだ」といった具合に、企業の働きやすさが判断される…という時代になっているかもしれません。

4　働き方、生活の変化に伴う人事上の問題点

ここまで見てきたとおり、今後10年間における働き方やライフスタイルには、様々な変化が生じることが予想されます。これらの変化を踏まえ、人事上の問題点として、３点挙げられます。

１点目は、都市在住・単独世帯の労働者の所得の問題です。都市への人口流入と単独世帯の増加が続くことが予想されますが、都市の物価や税金・社会保険料の上昇が続くことを踏まえると、現在の賃金水準では生活が成り立たなくなります。労働者に対して、生活安定のための充分な報酬を支払えないということは、企業としての責任を充分に果たせているとは言えません。この問題を解消するには、２つの切り口があります。１つは、賃金を充分に支払うこと。２つ目は、ライフスタイルを変化させること。後者については、「都市での単独生活」という点が、可処分所得を大きく減らす要因となっていることから、「地方への在住」「複数世帯」への転換を促す施策が考えられます。つまり、都市生活でなくても勤務が可能な雇用環境や、生計費の節約を狙った単独者同士のシェアハウス支援などです。

２点目は、労働市場における流動性の向上です。労働者の転職への意識や法律の整備に伴い、国内の労働市場は、今後より活性化することでしょう。その場合、自社からの退職者も多数輩出されるこ

とになりますから、「優秀者の定着」「中途採用における採用競争力の向上」は、人事部にとって今よりも比重の重いミッションになります。優秀者に対して魅力的な賃金を支払うこと、市場水準を見据えた給与設計および検証・更新は当然のこととして、賃金以外の面でも企業魅力を上げられるよう、働き方の選択肢を複数用意するなども考えられます。

3点目は、リモートワーク前提の働き方です。新型コロナウイルス問題の発生により、多くの企業でリモートワークが可能であったことが証明されました。これにより、リモートワーク推進の機運はますます高まることでしょう。その場合、オフィスで対面を前提にしていたマネジメントは通用しなくなります。業務指示、評価、労務管理など、今までは直接確認できていたことが難しくなりますから、それに対応するための施策をとらなければなりません。システムを導入することで解決できることもあれば、テレビ会議やチャットなどを使ってコミュニケーション量を増やすことででしか解決できないこともあるでしょう。特に、日々の業務の監督については大きく議論が割れそうです。「業務における一切の労働時間の無駄は許さない」という立場をとれば、システムを導入してパソコンの稼働状況をトラッキングすることが必要ですし、「成果（物）の納期・品質・コストさえ守られていれば問題ない」という立場をとれば、各業務の成果を定義する必要があります。業務監督について、どちらの立場をとるか、企業は判断を迫られることでしょう。

―第2部―

人事はこう変わる

第6章

2030年の人事管理

1　2030年に向けた課題

第1部で見てきたように、今後の日本では大きな環境変化が予測されます。しかもこの変化は単なる予測ではなく、実際に起こる可能性が極めて高いと考えられます。

日本では過去大きな経営環境変化が何度もありました。近年の大きな代表的変化は、バブル崩壊、リーマンショック、東日本大震災、新型コロナなどがあります。これらの環境変化によって大きな経営的ダメージを受けた企業も多くありましたが、一部を除いては、回復の見込める一過性のダメージと言えます。今後日本で起こる環境変化は、今までの環境変化とは異なり、人口問題のように長く継続する変化であったり、テクノロジーの進化のように劇的な変化も予想され、今までの延長線で語ることができないくらいの大きな変化になります。

第1部では、企業経営、人事管理を考える上で、5つの大きな変化について述べてきました。第一の変化は日本の経済規模が絶対的、相対的に縮小するということです。このトレンドは今に始まったことではなく、近年20年の傾向であり、それが加速するというものです。このことにより企業経営および人事管理は極めて大きな影響を受けます。重要な課題としては、少ない人数でより高い付加価値を創出する基盤としての人事管理の抜本的な見直しと、日本企業の飛躍的な成長を牽引する優秀な経営人材育成が挙げられます。

人口減少は企業の人事管理に決定的に大きな影響を与えます。特に生産年齢人口が減少することにより、深刻な人手不足になります。また、都市部への人口集中により都市と地方との労働供給者数格差が驚くほど大きくなります。人手不足に対する施策としては、多様な労働力の活用とＡＩ，ＲＰＡの積極的活用により必要人員数を減少させるということになります。女性、高齢者活用は近年かなり進んできましたが、今後も女性就業率をさらに向上させること、高齢者に関しては70歳までの雇用が義務化されるでしょう。また新たに外国人活用も本格化するでしょう。このように、現在とは大きく異なる戦力構成となるということです。したがって、今までのようなシンプルな人事管理ではなく、多様な人材を合理的に有効に管理できる仕組みが必要となります。例えば、今よりも多くの高齢者が働くことから、真剣に健康経営を強化しなくてはなりません。

経済規模の縮小、人口減少によって、日本企業の戦略も劇的に変化すると考えられます。日本中心の経営は困難さを増すために、積極的なグローバル展開か国内市場型産業は生き残りをかけた競争優位性獲得のいずれかになるということです。今までも多くの企業がグローバル展開してきましたが、近年は他国に比較してグローバル展開が大きく発達したとは言えません。概して言えば、日本に軸を置いた他国へのビジネス展開という企業が多かったと言えます。今後はグローバル市場をターゲットとした戦略への転換が求められます。今後のグローバル戦略の中では、日本は１ローカルエリアという位置づけということです。グローバル展開ができない業種、企業では、生き残りをかけた熾烈な戦いが待っています。縮小する市場の中で生き残るには、競合優位性を確保すること、また企業の吸収合併など規模メリットの享受も重要です。同じ業種同士ではなく、業界の垣根を越えた合従連衡も検討しなければなりません。人事管理という観点では、特に競合優位性による創造的で差別された商品・サービスの開発が必要であり、またマーケティング、販売などの新たなモデルの構築や有効な施策の企画実施も必要です。これらの源泉は人材力になるため、生き残りをかける経営のために、今まで以上に優秀な人材の確保と育成が必須となります。

また、テクノロジーの発達、特にＡＩ、ＲＰＡの発達も企業経営、人事管理に決定的な影響を与えるでしょう。２０３０年時点と現時点を比較すると、おそらく企業の構成メンバーが大きく変化していきます。新たに発生する職種や必要人数が多くなる職種、逆に減少していく職種やなくなる職種もあり、雇用形態、職種などは現在とは様変わりしているでしょう。この職種構成の変化は急速に発生するために、労働力のスムースな転換と人材教育が大きな課題となります。

日本人の働き方に対する意識も次第に変化してくことが予想されています。かつてのエコノミックアニマルのようなイメージから、成熟した新たな意識、スタイルへと変化していくでしょう。前述のとおり働き手も多様化していくことになりますので、より柔軟な働き方が求められます。ワークライフバランスといった生活と仕事のバランスを重視する意識も強くなります。

人口の都市部集中は、日本市場における地方マーケットの魅力度合いを大きく下げることになります。そのため地方マーケットでは、より合理化、省力化、システム化が急速に進み、働き方が大きく変わることになります。また、都市と地方の物価に大幅な差が発生し、報酬の在り方も大きく変わることが予想されます。

都市部では単身や核家族比率が増加すると考えられます。物価の高い都市部で社員が豊かな生活を維持向上させていくためには、生産性の向上➡処遇の改善というサイクルを作らなければ、志向する意識、スタイルが実現できなくなる可能性もあります。

人事管理は現時点でも決して進んだ分野でない状況の上に、上記のようなかつて経験しなかった大きな変化が起きることにより、新たな課題も発生します。今後、新たな人事管理を構築するために、キーとなる施策については早急に検討し、実現していかなくてはなりません。

2　人事管理の改定、強化のポイント

現状の人事管理レベルと今後の新たな課題を考慮すると、人事管理はできるだけ早くドラスティックに変化を遂げなくてはなりません。

人事管理のキーとなる見直しとして９つの領域が挙げられます。

①　雇用構造

今後は今までような正社員、非正社員という枠組みの雇用構造でなくなる可能性が高いと考えられます。正社員の〝就社〟的意識や雇用の仕組みも大きく変化することが予想されます。また非正社員だけでなくフリーランスも含めた、今まで少数であった雇用形態が多くなることも予想されます。このことにより企業として人事制度の大幅な見直しが必要となるでしょう。

② 職種構成

産業構造の変化、テクノロジーの進化によって、必要な職種が大きく変わります。新たに発生する職種やなくなる職種も出てくるでしょう。このことは企業の人事管理に極めて大きな影響を与えます。今までは総合職、一般職、技能職などの分類が一般的でしたが、今後はこれがさらに細分化されることになります。また、各職種の労働市場における価値も大幅に変わることが予想されます。今後は管理職、専門職の時代と言われるくらいに価値が大幅に上がる職種と、事務職のような価値が非常に低くなる職種もあります。職種構成の変化に伴って、職種別人事管理が急速に進むことも予想されます。

③ 報酬

社員の報酬もおそらく10年後には今と大きく異なる形になる可能性が高いでしょう。グローバル競争、国内生き残り競争が熾烈になるため、報酬は実力・職務主義的になるでしょう。高齢者社員が増えることにより年功序列が維持できなくなり、実力・職務での報酬がより浸透します。さらに前述のように労働市場が職種別に発達するため、職種の需給ギャップによって報酬額が全く異なる水準になると考えられます。今までは総合職の中で営業や内部管理、研究開発の仕事をしていても同じ基準での報酬水準であったものが、今後は全く異なる水準になるでしょう。市場に連動した報酬制度が必要ということになります。

④ 評価

評価は現時点でも大きな課題を抱えています。評価が適正に機能していると断言できる企業がほとんどないということです。今後の実力・職務主義的な人事制度下においては、企業として、また社員として適正な評価を実現しなくてはなりません。そのため評価についてはより正確性を増すための仕掛けが必要になります。上司から部下への一方的な評価では適正な評価はできないでしょうし、管理職などは外部の専門家や将来はＡＩが評価したほうが正確になるかもしれません。評価制度そのものも多くの特有の職種に対応しなければなりません。

⑤ 教育研修

今までの企業内教育は、経営全体の中で重要な位置づけを与えられてきませんでした。企業業績が良い時は実施されてきましたが、業績が低下すると真っ先に予算から外される領域です。企業業績が悪くなった時は、他社よりも競合優位性が劣っていたり、環境変化で社員の必要スキルが変化したことが想定されます。業績低下時こそ教育が必要であるのに、現在では逆になっています。今後は様々な環境変化、ビジネスモデルの進化や雇用構造転換によって社員に求められるスキルも変化します。必要なスキルを必要な時に提供する仕組みが必要となるでしょう。

⑥ 人員削減

産業構造の変化、テクノロジーの進化による職種の変化、国内市場の縮小により、雇用はより流動化することが予想されます。現在までの日本では終身雇用がベースであり、企業経営者も人員の削減は最後の手段として積極的に行ってきませんでした。しかし環境変化は予想より激しく、将来のビジネスモデル、雇用の在り方に向けて、積極的な人材の入れ替えが求められます。〝リストラ〟的な感覚ではなく、環境変化に対応するために、雇用構造を柔軟に組み立て直すことが求められるため、特に雇用の流動化施策は非常に重要であり、通常の人事運用において日常的に行われる施策として実施されることになるでしょう。

⑦ 働き方

多様な働き手、成熟した社会環境、テクノロジーの進化によって、働き方が大きく変化することになります。朝早く満員電車に乗り通勤し、顧客に訪問し、社内で集まって会議を行うという働き方は10年後には存在しないような、働き方スタイルが大きく変化することになるでしょう。企業も新たな働き方を定着させるために、在宅での執務環境整備や人事評価制度の改定が必要となります。この働き方の変化は、新型コロナウイルスにより図らずも強力に推進されました。新たな働き方に対して様々な工夫や配慮をしつつ、より高度に定着していくことになります。

⑧ 健康経営

日本は現在、世界に例がないほどの超高齢化社会となり、高齢者の労働参加が必須となっています。10年後には、70歳までの雇用の義務や75歳までの雇用努力を求められる可能性が高いでしょう。企業としては高齢者を戦力化するとともに、加齢によりパフォーマンスが低下することをできるだけ避けなければなりません。そのため社員に対しての健康意識の向上、健康増進施策は生命線ともいえる重要な施策になります。健康経営を指向する企業は中長期の可否が向上すると言っても過言でないくらい、企業の重要方針、施策として位置づけられなければなりません。

⑨　人事運用

今後は、グローバル展開を強力に推進するか、国内市場での新たな価値を創造するか、のいずれかの戦略選択となります。いずれにしても競合会社に比較して、新たな価値を提供することが求められますが、これを実現するための人材力が決定的な競争力の差となります。高度な経営能力を持った人材、専門性に優れた人材を継続的に雇用できる企業が、新たな成長を勝ち得ていきます。これは経営戦略、計画を実行していくためには、人事管理が有効に機能しなければならないとも言えます。人事機能は、人事に関する実務処理を行うだけではなく、企業経営の戦略、計画を実現するための、経営における重要な部品にならなければなりません。そのため、現在の人事機能の運用レベルから発想を変えるくらいの変化が必要となります。

大きな環境変化に対して、重要と思われる上記の9つの領域の施策は、企業の置かれている環境や、現在の人事管理レベルによって異なりますが、どの企業でも必要な重要施策であると言えます。2030年に企業が置かれている環境から考えると、現在と同じレベルの管理では全く対応できません。現在の人事管理の遅れをキャッチアップし、新たな課題に対応するために、極めてスピーディに人事管理の見直しが必要となります。

第7章

雇用構造の変化

1　これまでの日本における雇用構造の問題は、正社員と非正社員の二元論中心

新卒一括採用、年功序列、終身雇用といったキーワードで語られることが多い、いわゆる日本型雇用システムがありますが、これは一般的に「正社員の男性」を中心とした雇用形態のことを指します。日本では、雇用形態について議論する時には、この正社員を前提として語られることが多くありますが、実は日本型雇用システムは、正社員だけでなく、正社員と非正社員という2つの雇用形態によって上手く成立していたシステムなのです。要するに、正社員を「中心部」として、高齢者や主婦、学生などの様々な有期契約の社員を非正社員として「周辺部」に位置づける、二重構造の雇用構造になっています。

１９５０年代からの高度経済成長期にかけて、出稼ぎ労働者や臨時工、１９６０年代後半以降に増加した有配偶女性のパートタイム雇用といった形で徐々に非正社員が増加してきた歴史がありますが、この「周辺部」に位置づけられている非正社員が注目されるようになってきたのは１９９０年代以降のことです。バブルが崩壊して以降、業績悪化と将来の不確実性を増す経営環境の中で、日本において多くの企業が、固定的な人件費を抑制することを目的として正社員の採用数を減らし、非正社員の割合を政策的に増加させることが大きな社会的問題としてクローズアップされるようになりました。

これまで多くの企業で経済成長が継続する景気上昇面では大きく検討されてこなかった固定費を、バブル崩壊後の景気悪化に伴い、削減もしくは変動費化させることを指向するようになったのです。

特に、固定費として多くの割合を占める人件費の変動費化に取り組む企業が増加するようになりました。具体的には、長期雇用を前提とした正社員よりも短時間労働や有期契約である非正社員をより積極的に活用することで、総人件費の削減を行うとともに、短期的な景気や業務量の変動に柔軟に対応し、リスクヘッジを行うというものでした。

この非正社員の割合は年々増加傾向にあり、現在では就業者に占める非正社員の割合は40％近くにまで増加しています。この非正社員の割合の増加は、単に雇用形態の異なる社員の構成比率が変化したということだけではなく、正社員に比較して非正社員は長期雇用の安定性に欠け、賃金水準が低いことから、その処遇の差が大きな社会的問題として度々取り上げられることが多くなりました。そのため、これまで日本において雇用構造の問題を取り上げる時は、正社員と非正社員という２つの雇用形態の二元論で語られることがほとんどを占めていました。

２　労働市場の変化と雇用構造の多様化

少子高齢化による人口減少については前章において詳しく述べたように、日本の生産年齢人口は１９９５年の８７１６万人をピークとして以降は減少に転じ、２０１９年には７５０７万人と１０００万人以上が減少しています。しかし、実は総人口や生産年齢人口は毎年減少の一途を辿っているにもかかわらず、就業者数（従業者と休業者の合算人数のこと）を見ると、減っているどころか増加しているのです。

就業者数は、これまで1997年の6557万人をピークとして減少傾向にあったのが、2012年の安倍政権発足以降の長期の景気拡大によって増加に転じるようになったのです。2019年時点では6733万人にまで増加し、過去最高の就業者数になりました。この就業者数の増加は、景気拡大によって労働需要が増加したことに伴い、新たに労働市場に新規参入する者が増えたことによって生じたものです。一般的に考えられている「生産年齢人口が減ることによって労働力人口が減り、就業者も減る」という見方は実は正しい見方ではないということです。

しかし、感覚的には多くの人が人手不足感を持っているのではないでしょうか。実は、この人手不足がどこで生じているのか詳細を見ていくと、業界・業種や企業規模、地域によって大きく異なってはいるものの、ざっくりと見ると2つの特徴があります。1つは、大手企業よりも中小企業が顕著に人手不足になっているということ。2つ目は、若手の労働者の減少が大きく影響していることです。これは、単純に少子化によって若年層の人口が少なくなっているということもあるのですが、日本型雇用の基本的な考え方である新規学卒者を中心とした採用という要因も影響しています。要するに、日本の企業は、新卒で若い人材を採用し、自社で時間をかけて育成していくという考え方を持っているために、実際の就業者数以上に人手不足感を持つといったことにつながっているのです。

このように、2012年以降、人口減少が進んでいるにもかかわらず、就業者が増加しているのは、労働市場に新たに参入する者が増加したということになります。つまり、近年、生産年齢人口の減少による労働需要の増加に伴い、日本の労働市場の雇用構造は多様化してきているのです。

2030年にかけて人口減少はさらに進むことになり、予測では7073万人の労働需要に対して

６４２９万人の労働供給しか見込むことが難しく、人手不足はさらに深刻な状況となることは間違いありません。この人手不足を解消していくには、近年増加している労働市場への新規参入者をさらに増加させていくことが不可避です。

この労働市場への新規参入者を増やしていくには、どのような人材の雇用が考えられるでしょうか。これまでの日本型雇用の典型である働く場所や、働く時間、働く仕事が無限定な、いわゆる〝正社員の男性〟が今後も増えていくということは、人口減少下では現実的ではありません。今後は、いわゆる〝正社員の男性〟ではなく、これまで労働市場に参入していなかった女性、高齢者、外国人に加え、新しい働き方として近年注目されているフリーランス、副業・兼業といった人材が２０３０年にかけて飛躍的に増加していくでしょう。これまでの雇用構造は、正社員を基準としながら正社員以外を「非正規」として、十把一絡げにしていました。しかし、今後はこの正社員や非正規社員といった概念そのものがなくなっていくことが予想されます。

3　正社員という概念自体が今後はなくなっていく

今後の雇用構造がどのようになっていくかを考える時に、労働需要側（企業）と労働供給側（労働者）に分けて考えるとわかりやすくなります。

労働需要側（企業）の観点からは、今後、国際競争がさらに激しくなっていく中において、環境変化に柔軟に対応しながら、人材不足の労働市場から必要な人材をタイムリーに雇用し、常に生産性を向上させ続けていくことが求められています。これを現実的に行っていくには、必要な時に必要な人材を雇用し、それぞれの人材が最もパフォーマンスを発揮することができるような働き方を提供する必要があります。つまりこれは、正社員の最も重要な特徴である、雇用期間の定めがない無期雇用契約が、労働需要側の観点からは適さなくなっているということです。その結果、これまでのように、長期雇用を前提とした無期雇用の正社員の割合は徐々に減少していくことになるでしょう。

企業としては、雇用責任として、一度正社員雇用すると何十年間も雇用義務が発生することによって、人材の新陳代謝等を柔軟に行うことが難しくなってしまいます。また、これまで日本型雇用の典型であった「正社員」の働き方は、いつでも（時間）、どこでも（場所）、なんでも（仕事内容）できるような人材が前提になっていました。しかし、このようなこれまでの正社員のモデルは、働き方に何らかの制限がある女性や高齢者、外国籍といった人材を間接的に排斥するような雇用形態になっていました。このような非常に限定的な雇用形態から、より多様で柔軟な雇用形態で人材を雇用していくことができるようにしていかなければ、今後競争の激化する市場の中で企業が生き残っていくことは困難です。要するに、性別や年齢、国籍といった要素を排斥するのではなく、純粋に企業が求めるスキルや能力、働き方に合致する人材かどうかが重要な要素になってくるということです。

一方、労働供給側（労働者）の観点からは、少子高齢化が進展し、今後先行きが不安定な経済社会の中において、もっと自由に制限なく働くことができる環境を企業から提供することが求められています。共働き世帯が一般的になっている中で、育児や介護といったライフイベントに対しても、働く時間や場所を限定しながら働き続けることができる雇用形態は現在もニーズが高いですが、今後さらに高まっていきます。また、将来の医療費や年金等の社会保障不安に起因して、働くことができる間は、何歳になってもずっと働き続けたり、手に職を付けて、特定の企業に属するのではなく、複数の組織に属して稼ぎ口を多様化していくニーズも高まってくるでしょう。

このように、労働需要側と労働供給側双方の観点から見ても、「正社員」という概念はすでに時代錯誤の無用の長物になってしまっているのです。また、正社員という概念がある限り、過去の働き方が「正」であり、それ以外は「非」ということになり、常に対立を生む要因になってしまいます。雇用形態に「正」も「非」も本来ありません。企業や労働者が求める働き方が多様化している中で、2030年には正社員という概念自体が古いものになっているでしょう。

4　正社員に代わる新しい雇用のあり方

これまで当たり前とされてきた正社員の働き方である、大学を卒業して新卒で入社し、「総合職」や「基幹職」として、様々な部署や地域をローテーションによって経験し、ゼネラリストとして会社の経営幹部を目指すというモデルは極めて少なくなり、幹部候補となる一部の社員だけに適用が限定されることになるでしょう。そして、雇用の基軸となるのは、安定した雇用保障を前提としたゼネラリストである「正社員」ではなく、特定の職務・職種において高度なエキスパティーズを持った「職務」を中心とした考え方です。

この考え方を実現させるには、企業が期間の定めのない雇用契約である「正社員」を採用してから定年まで長期間雇用し続けるリスクを負わない代わりに、企業として事業運営に必要な職務内容(ジョブ・ディスクリプション)を明確にした上で、社員に専門的な職業能力を身に付けさせるような仕組みを整える必要があります。そうすることで、これまではすべて正社員が担っていた職務を、様々な雇用形態の人材が担うことができるようになります。

企業は、人材を雇用する時に、この職務を遂行するのに必要な専門性・スキルは何かを定義し、明示化する必要が生じますが、逆に言えば、その職務を遂行できる人材であれば、その他の要素は重要ではないということです。つまり、女性や高齢者、外国籍といった、これまでどちらかというと日本型雇用システムの「正社員」の概念からは外れていた人材が対象となることで、人手不足の中で、人材の有効活用が進むことにつながるのです。

さらには、必要な人材すべてと雇用契約を締結する必要自体がなくなります。そもそも、現在のように事業環境の変化が激しい中において、必要な人材の能力やスキルの要件は流動的に変化していきます。それをすべて直接雇用して自前で育成することは現実的ではありません。雇用契約ではなく、業務委託契約で、フリーランスに特定のプロジェクトを短期で依頼するといったことも当たり前になっていくでしょう(**図表7-1**)。

少しフリーランスについて詳しく説明すると、フリーランスとは、「特定の企業や団体、組織に専従しない独立した形態で、自身の専門知識やスキルを提供して対価を得る人」を指し、いわゆる企業と雇用関係を結ばずに業務委託または自営で働く人々のことを言い、現在、日本には広義のフリーランス人口は約462万人いると言われています。

図表７-１ これからの雇用のあり方

	これまで（現在）	これから（将来）
雇用の考え方	就社（会社に就く）	就職（職に就く）
雇用期間	長期	短期
雇用形態	正社員・非正社員	正社員・限定社員・フリーランス（副業・兼業含む）
職種	総合職中心	職種別に様々
求められる人材	ゼネラリスト	スペシャリスト
人材の種類	日本人の男性中心	男性、女性、高齢者、外国籍など様々

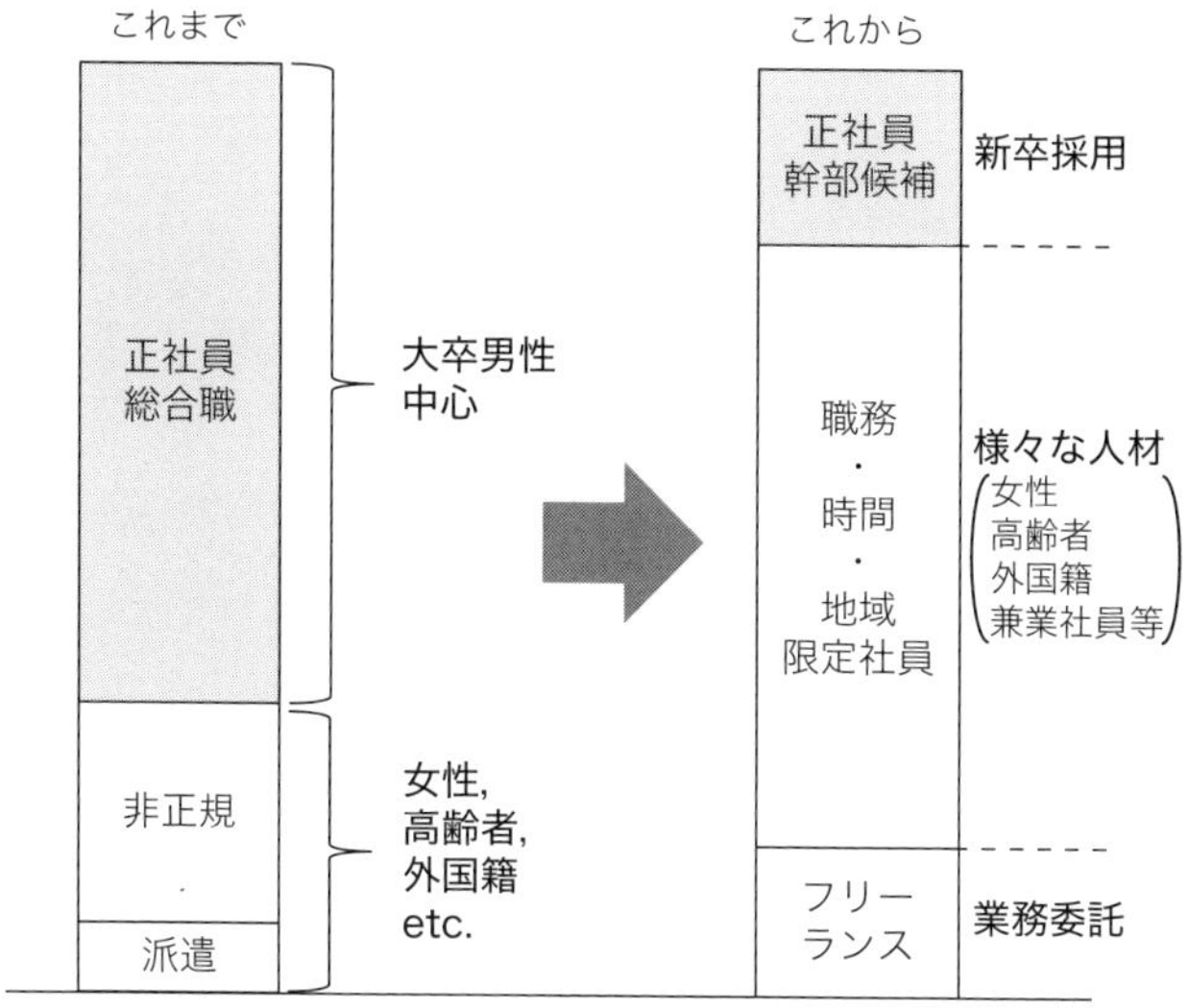

フリーランスは、個人事業主や個人事務所等の法人経営者、すきまワーカー、特定組織の従業員でありながら副業・兼業を行う副業ワーカーといったように、多様な就業形態の人を包含した概念です。このフリーランスという働き方は、過重労働や金銭トラブル等の問題も多くあり。今後まだまだ国が整備していく必要がある働き方ではありますが、２０３０年に向けて今後も増加していくことが見込まれています。政府が２０１７年にまとめた「働き方改革実行計画」において、副業・兼業の促進が掲げられたことによって、副業・兼業を解禁する企業が増加していきています。

また、フリーランスは専業だけでなく、特定の企業で働きながら、兼業としてフリーランスで働くような者も多く存在します。不足する労働力を補うには、高度な技術・スキルを有した人材が、１社だけでなく、複数の企業でパフォーマンスを発揮して活躍することができれば、人手不足の対策にもなるだけでなく、優秀な人材のリテンションにもなるため、兼業・副業でフリーランスとして働く人材は増加していくことになるでしょう。

第8章

新しい職種、なくなる職種

1　10年前の仕事と今の仕事の変化

本章では、２０３０年の人事のあり方を考える前に、我々の仕事は10年前とどのように変わってきたのかを考え、その延長線上の２０３０年の仕事について、新しい職種、なくなる職種というテーマで考えます。

過去の雇用のトレンドとして、10年間のデータについて国勢調査を用いて、産業・職種別に就業者数の増減を見ていきます。ここでの傾向として、社会的ニーズが高い医療や福祉、ＩＴサービスに関わる第３次産業に従事する人が増えている一方、建設業や運送業、農業の第１次・２次産業は就業者を減らしています。

過去のトレンドでは雇用の第３次産業化が進む一方、将来はＡＩ・ＲＰＡの技術の浸透により、事務的な第３次産業に関わる雇用は減ることが予想されます。より創造的・他者と関わる仕事や答えがない仕事の重要性が増し、雇用される人材も高度な専門知識やスキルを持っているなど、職務内容が多様化していくことが考えられます。

そのような人材に対して、人事管理も複雑性を増し、現在の画一的な人事管理から、人材価値に合わせた個別管理をすることが求められます。本書では、最終的にその複雑性への対応について考えていきます。

図表8-1 2015年・2005年／産業別就業者人口（縦軸：人口・横軸：増減率）

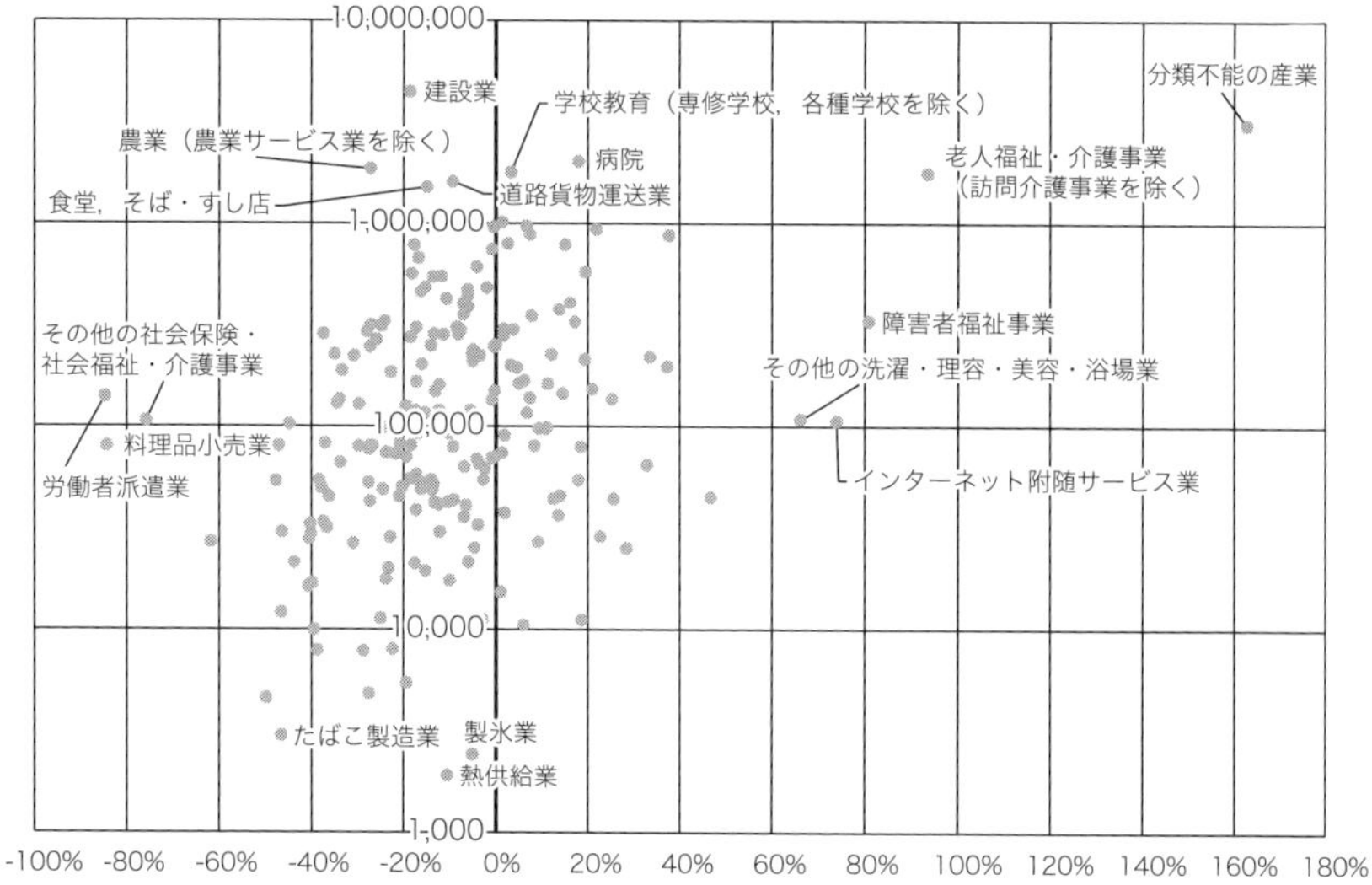

出典：国勢調査
https://www.stat.go.jp/data/kokusei/2015/kekka.html

まずは、過去の雇用のトレンドを見ていきます。

10年前と今の仕事を比較する上で、データとして国勢調査の「産業（小分類）、職業（小分類），男女別15歳以上就業者数（総数及び雇用者）全国」を用います。

最新のデータが2015年のため、2005年と比較することで10年間の産業別・職業別の就業者人口の変化を追います。まずは**図表8-1**を参照してください。

図表8-1は2015年と2005年の産業別（産業分類の小分類）の就業者人口（縦軸）とその増減率（横軸）（増減率は（2015年就業者数／2005年就業者数）－100％）で算定）を示しています。なお、2005年と2015年ともに存在する産業分類を比較しています（産業分類の区分が変わったものは除外しています）。

この産業分類別の就業者人口を見ていくことで、需要が伸びている・減っている産業を把握し、過去10年のトレンドについて考察していきます。

まず、増加している特徴的な産業を見ていくと、最も増えている産業が、「分類不能の産業」です。参照している国勢調査の産業分類の小分類は253種類あるのですが、この中に収まらない「分類不能の産業」への就業者が増えていることは、我々の仕事やサービスの多様化が進んだことを物語っています。

また、増加している「老人福祉・介護事業（訪問介護事業を除く）」と「障害者福祉業」については、高齢化が進む日本でそのニーズに応じて就業者人口が増えていることが考えられます。

次いで「インターネット・付随サービス業」が増加しており、アフターデジタルと言われるように、ITサービスが我々の生活に遍く浸透し、オフラインがデジタル世界（オンライン）に包含されるようになった結果とも考えられます。

一方、減った産業については、「労働者派遣業」が最も減少しています。これは、2004年3月に製造業への派遣業務が解禁され、リーマンショックまでの2008年まで急拡大したのですが、2015年の改正労働者派遣法で有期社員の派遣期間が3年になり派遣社員の直接雇用化が進んだことなどが理由と考えられます。

次いで減ったのは「料理品小売業」であり、いわゆる弁当・惣菜屋さんです。コンビニなどの中食の競合企業の増加などもあり、外食産業もテイクアウトを始めているため、競合の圧力から就業者が減少していると考えられます。

次に減少しているのが「その他の社会保険・社会福祉・介護事業」です。医療・介護の需要は拡大しているにもかかわらずなぜ？　と思うかもしれないですが、この事業内容は例えば、更生保護施設等の自立支援施設や、宿所提供施設等の住居のない要保護者の世帯に対して住宅扶助を行う施設が該当し、公的な社会福祉の一端に関わる就業者が減少しているということです。

また、ここまでは横軸の増減率の振れ幅が大きい業種のみ見てきましたが、単純な人数インパクトも見逃せません。人数が多い産業で就業者人口が変わるということは、まさに我々の社会や働き方が変わっている1つの証拠とも言えるからです。

人数インパクトが大きい産業として、先ほど紹介した「分類不能の産業」「老人福祉・介護事業（訪問介護事業を除く）」以外の就業人口が100万人を超えている産業をピックアップすると、「病院」「学校教育（専修学校・各種学校を除く）」「建設業」「農業（農業サービス業を除く）」「道路貨物運送業」「食堂、そば・すし店」が挙げられます。

「分類不能の産業」「老人福祉・介護事業（訪問介護事業を除く）」「病院」「学校教育（専修学校・各種学校を除く）」は増加していますが、「建設業」「農業（農業サービス業を除く）」「道路貨物運送業」「食堂、そば・すし店」は減少しており、特に減少している産業は人手不足・高齢化が叫ばれ若手が参入していないと言われる産業です。

結果から言えば、仕事の第3次産業化により、ものづくりからサービスに仕事がシフトしていると

図表8-2 2015年・2005年／職業別就業者人口（縦軸：人口・横軸：増減率）

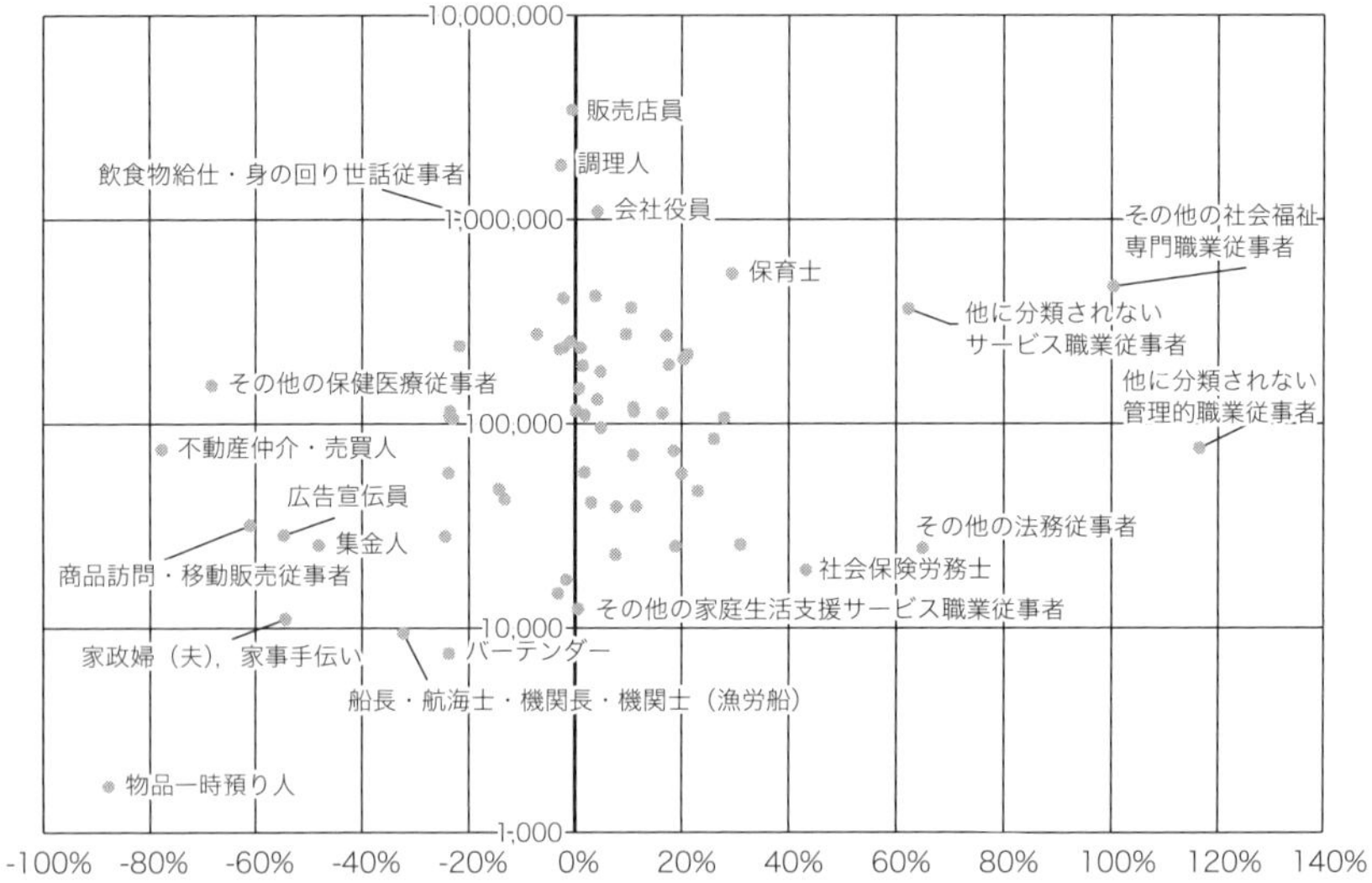

出典：国勢調査
https://www.stat.go.jp/data/kokusei/2015/kekka.html

いうことになりますが、数字で見るとインパクトがあります。（例えば、建設業は10年で５４４万人から４４３万人に１００万人も就業者人口を減らしており、20％程度の就業者人口が減ったということです）

次に職業別に増えた職業・減った職業で特徴的なものを見ていきます（**図表8-2**）。

最も増えた職業は、「他に分類されない管理的職業従事者」です。具体的には、個人が営む事業の経営・管理の仕事に従事する職業を指し、自営業者・個人事業主が該当します。『フリーエージェント社会の到来』というダニエル・ピンクの書籍が出たのも２００２年のため、ちょうどこの２００５年から２０１５年で、終身雇用で会社に一生勤めるのでなく、フリーランスなど手に職を持って働く働き方が浸透したと考えられます。現在はクラウドワークス等のＷＥＢサービスで個人事業主への業務のマッチングもあり、ＳＮＳ等個人が自身のスキル・能力を発信できる環境も広がっているため環境が整ってきている結果と考えられます。

次いで、増加している職業は「その他の社会福祉専門職業従事者」です。これも「その他」と付くとわかりづらいですが、保育士を除く福祉に関わる就業者で、介護職員などもここに含まれます。これは先述の産業別の「老人福祉・介護事業（訪問介護事業を除く）」と「障害者福祉事業」と同様に、高齢化している日本への時代の要請の結果、就業者が増えていると言えます。

次に増えているのは、「他に分類されないサービス職業従事者」です。この職業の内訳はまさに雑多であり、トリマーや占い師、セラピストなどのサービスに関わるその他諸々の職業を含んでおり、画一的なサービスから多様なサービスへのシフトが進んでいる結果と考えられます。

一方、ある程度就業人口もおり、減っている職業を見ていくと、「不動産仲介・売買人」が挙がります。不動産仲介業界については、高齢化による不動産仲介の需要低減、大手業者の業務拡大による中小不動産仲介業者の淘汰、管理会社の仲介業務への参入、ＩＴツール等の進歩による生産性向上などの要因が就業者の減少に影響していると考えられます。

その他に減少している職業として「商品説明・移動販売従事者」があります。具体的な職業としては、自身で商品を持って売って歩く訪問販売や屋台などが該当します。Ａｍａｚｏｎが日本に参入したのは2000年ですが、買いたいものは通販で買える時代になっていったのがまさにこの時期のため、街の露天や訪問販売等のような職業は減っていくのも納得の結果と言えます。「広告宣伝員」も同様の結果で、スーパーでマネキンと言われる仕事やビラ配りなどが該当し、WEBサービスによる広告・商慣習の変化と言えます。

「家政婦（夫）・家事手伝い」の減少は社会風土の変化と言えるかもしれません。共働き世帯が増え、いわゆる男性が外で働き女性が家庭内で働くという形から、共働きや未婚で外で働くなどの家族の在り方に変化しており、社会の価値観が変わったことの表れではないでしょうか。

以上、産業・職業別の就業人口を見てきました。あえて2005年～2015年の変化をPEST分析にあてはめるなら、

- Politics（政治）：派遣等への法律規制
- Economy（経済）：ものづくりからサービス業への変化
- Society（社会）：高齢化・共働きの伸展
- Technology（技術）：ICTの進展による商慣習の変化

がキーワードと言えるかもしれません。

これらの要因は就業人口に影響しており、我々の働き方はこのPEST分析で見たようなマクロの社会構造変化に影響されます。きっとこのトレンドは次の10年でも続くものと考えられます。

2　AI・ロボット化の進展による必要なスキルの変化

前節では、過去の就業者人口から、社会構造の変化が与える雇用への影響を見てきました。情報元が国勢調査ということもあり、産業・職業別の就業者人口に触れてきましたが、この節では今後の新しい仕事と働き方について考えていきたいと思います。中でも、ＡＩ・ロボット化の進展によって求められる能力と人材管理の変化について考えていきます。

「第１部第４章　テクノロジーの進化と仕事」でも紹介した、ＮＲＩと英オックスフォード大学マイケル・Ａ・オズボーン准教授等との共同研究（２０１５年）では、ＡＩやロボットによる自動化が難しい職業に求められる能力には３つの特徴があるとされています。その３つの特徴とは、

①創造的思考

抽象的な概念を整理・創出すること（例：芸術・歴史学・考古学・哲学・神学等）や、コンテキストを理解し、自らの目的意識に沿って方向性や解を提示する能力

②ソーシャルインテリジェンス（社会的知性）

理解・説得・交渉といった高度なコミュニケーション力を持ち、サービス志向性のある対応ができる能力。自分と異なる他者とコラボレーションできる能力

③非定形

体系化されていない役割、多種多様な状況に対応することができる能力。あらかじめ用意されたマニュアル等でなく、自分自身で何が適切であるか判断できる能力であると定義しています。

例えば、当レポートの中で例示される自動化・ロボット化の代替可能性が低い職業として、メイクアップアーティストが挙げられています。メイクアップアーティストとは、メディア、イベント、ブライダル、サロン等でヘアメイクを行う職業です。この職業は上記の３つの条件を満たしており、具体的には、メイクを受ける人の体調や表情・骨格・ＴＰＯに合わせて流行等の文脈も踏まえてメイクをしなければなりませんし、当然、普段のメイクの仕方やメイクを受ける人の希望を加味してコミュニケーションしながらメイクを行い、毎回仕上がる結果は異なります。メイクという抽象的なデザインを扱い、コミュニケーションをしながら非定形の物を創り上げる。このような仕事は他者が真似できないため、個人の価値をより押し上げ、個人のブランド化が進み、ブランド力のある人材とそうでない人材の二極化が進むことが考えられます。

その他には、最も代替可能性が低い職業として精神科医が例示されています。

医療の領域では、すでにＩＢＭのＷａｔｓｏｎが特殊な白血病患者の病名を10分ほどで見抜き、その生命を救ったとニュースになっています。現在のＡＩの得意な領域はまさにここで、膨大なデータセットを学習し、ケースに適合する結果を導くことを得意としています。

しかし、一方では、医者でも精神科医のような個人への深い背景の読み解きや、高度なコミュニケーションが伴う職業はなかなか代替しないという予想です。確かにAIにメンタルの相談をするには、AIのコミュニケーション能力や思考レベルがドラえもんぐらい高度でなければ務まらないですし、現段階でのSiriやAlexaのようなAIを活用したデジタルアシスタントにメンタルの相談をするのは無理があります。「第1部第4章　テクノロジーの進化と仕事」の節で説明した汎用型AIの誕生まで、精神科医は安泰と言えるでしょう。

また、このレポートでは人の役割の二極化についても触れられており、従来型のトップとして意思決定・調整をする経営や管理の仕事は残り、中間の戦略・オペレーション業務は一部自動化・ロボット化が進み、フロントの対顧客業務は多様化が進むとしています。

その多様化の中で新たに生まれる職業に就く人は、先ほどの3つの特徴をポイントとして押さえている必要があるため、あなたにしかできないと言われる領域の専門性や、個々人の要望に柔軟に対応する知識・技術が求められます。より個々人の本質に刺さるニッチなサービスを提供できる、「職務の時代」によりシフトすると考えられます。

また、ニッチなサービスは見つけられづらいため、自身で周囲に発信していくことやセルフブランドを強化し、他者が必要とした時にアプローチできるような状態を準備していなければなりません。（そういった意味で、手に職を持っているタイプのYouTuberやSNSのインフルエンサー等はビジネス上で強いと言えます）

3　求められる能力と人材管理の変化

①　職種の変化

　ここまで述べてきたような前提に立つと、人材の管理方法も変わります。管理職には、ＡＩ・ロボット等を活用する高度な専門能力を兼ね備えた人材や多様な顧客のニーズに応じた業務を担う職能集団の管理が求められ、管理の深さや幅も広がり、求められる管理・意思決定レベルはより高度になっていきます。

　会社内の職種の構造も管理職・総合職・事務職・技能職のような職種の形でなく、より多様化することが考えられます。

　具体的には、本社等のバックオフィスの部署では定型的な業務を担う事務職は数を減らす一方、多様化する消費者の志向に合わせて商品企画などの部署の体制は強化されるでしょう。

　生産現場では定型的な生産業務を担う技能職は数を減らし、ＡＩ・ロボットの管理を行う品質・生産管理のような高度専門人材の需要が高まってくると考えられます。

　また、営業もＷＥＢを活用したマッチングサービスの普及により、定型的に同じものを卸すようなルート営業は減り、顧客のニッチな需要に応えるコンサルティング営業に進化する必要があります。対人サービスを担う小売・サービス業は、顧客情報管理を活用してより高度な顧客サービスを行うおもてなし産業に変わっていくことになるでしょう。

図表8-3 職業別の従業者数の変化（伸び率）

※2015年度と2030年度の比較

職業	変革シナリオにおける姿	職業別従業者数 現状放置	職業別従業者数 変革	職業別従業者数（年率） 現状放置	職業別従業者数（年率） 変革
①上流工程（経営戦略策定担当、研究開発者　等）	経営・商品企画、マーケティング、R＆D等、新たなビジネスを担う中核人材が**増加**。	－136万人	＋96万人	－2.2％	＋1.2％
②製造・調達（製造ラインの工員、企業の調達管理部門　等）	AIやロボットによる代替が進み、**変革の成否を問わず減少**。	－262万人	－297万人	－1.2％	－1.4％
③営業販売（低代替確率）（カスタマイズされた高額な保険商品の営業担当　等）	高度なコンサルティング機能が競争力の源泉となる商品・サービス等の営業販売に係る仕事が**増加。**	－62万人	＋114万人	－1.2％	＋1.7％
④営業販売（高代替確率）（低額・定型の保険商品の販売員、スーパーのレジ係　等）	AI、ビッグデータによる効率化・自動化が進み、**変革の成否を問わず減少**。	－62万人	－68万人	－1.3％	－1.4％
⑤サービス（低代替確率）（高級レストランの接客係、きめ細やかな介護　等）	人が直接対応することが質・価値の向上につながる高付加価値なサービスに係る仕事が**増加。**	－6万人	＋179万人	－0.1％	＋1.8％
⑥サービス（高代替確率）（大衆飲食店の店員、コールセンター　等）	AI・ロボットによる効率化・自動化が進み、**減少。** ※現状放置シナリオでは雇用の受け皿になり、微増。	＋23万人	－51万人	＋0.1％	－0.3％
⑦IT業務（製造業におけるIoTビジネスの開発者、ITセキュリティ担当者　等）	製造業のIoT化やセキュリティ強化など、産業全般でIT業務への需要が高まり、従事者が**増加。**	－3万人	＋45万人	－0.2％	＋2.1％
⑧バックオフィス（経理、給与管理等の人事部門、データ入力係　等）	AIやグローバルアウトソースによる代替が進み、**変革の成否を問わず減少**。	－145万人	－143万人	－0.8％	－0.8％
⑨その他（建設作業員　等）	AI・ロボットによる効率化・自動化が進み、**減少。**	－82万人	－37万人	－1.1％	－0.5％
合計		－735万人	－161万人	－0.8％	－0.2％

出典：株式会社野村総合研究所およびオックスフォード大学（Michael A. Osborne博士、Carl Benedikt Frey博士）の、日本の職業におけるコンピュータ化可能確率に関する共同研究成果を用いて経済産業省作成
：経済産業省「新産業構造ビジョン　一人ひとりの、世界の課題を解決する日本の未来」
https://www.meti.go.jp/press/2017/05/20170530007/20170530007-2.pdf

図表8-4 産業構造の試算結果／部門別のGDP成長率・従業者数・労働生産性

※2015年度と2030年度の比較

部門	変革シナリオにおける姿	名目GDP成長率（年率）		従業者数 ※( )内は2015年度の従業者数		労働生産性（年率）	
		現状放置	変革	現状放置	変革	現状放置	変革
①粗原料部門（農林水産、鉱業 等）	経済成長に伴い成長。	＋0.0%	＋2.7%	－81万人	－71万人（278万人）	＋2.3%	＋4.7%
②プロセス型製造部門（中間財等）（石油製品、鉄鋼・粗鋼、化学繊維 等）	規格品生産の効率化と、広く活用される新素材の開発のプロダクトサイクルを回すことで成長。	－0.3%	＋1.9%	－58万人	－43万人（152万人）	＋2.9%	＋4.2%
③顧客対応型製造部門（自動車、通信機器、産業機械 等）	マスカスタマイズやサービス化等により新たな価値を創造し、**付加価値が大きく拡大、従業者数の減少幅が縮小。**	＋1.9%	＋4.1%	－214万人	－117万人（775万人）	＋4.0%	＋5.2%
④役務・技術提供型サービス部門（建築、卸売、小売、金融 等）	顧客情報を活かしたサービスのシステム化、プラットフォーム化の主導的地位を確保し、**付加価値が拡大。**	＋1.0%	＋3.4%	－283万人	－48万人（2026万人）	＋2.0%	＋3.6%
⑤情報サービス部門（情報サービス、対事業所サービス）	第4次産業革命の中核を担い、成長を牽引する部門として、**付加価値・従業者数が大きく拡大。**	＋2.3%	＋4.5%	－17万人	＋72万人（641万人）	＋2.5%	＋3.8%
⑥おもてなし型サービス部門（旅館、飲食、娯楽 等）	顧客情報を活かした潜在需要等の顕在化により、ローカルな市場が拡大し、**付加価値・従業者数が拡大。**	＋1.2%	＋3.7%	－80万人	＋24万人（654万人）	＋2.1%	＋3.5%
⑦インフラネットワーク部門（電気、道路運送、電信・電話 等）	システム全体の質的な高度化や供給効率の向上、他サービスとの融合による異分野進出により、**付加価値が拡大。**	＋1.6%	＋3.8%	－53万人	－7万人（388万人）	＋2.6%	＋4.0%
⑧その他（医療・介護、政府、教育 等）	社会保障分野などで、AIやロボット等による効率化が進むことで、**従業者数の伸びが抑制。**	＋1.7%	＋3.0%	＋51万人	＋28万人（1421万人）	＋1.5%	＋2.9%
合計		＋1.4%	＋3.5%	－735万人	－161万人（6334万人）	＋2.3%	＋3.6%

※部門は、産業連関表におけるアクティビティベースの産業分類に対応し、個々の財・サービスの生産活動による分類である。例えば，自動車製造をIT化で効率化する企業があった場合、自動車製造活動と情報サービス活動に分割され、それぞれの活動が顧客対応型製造部門とサービス部門に計上される。

出典：経済産業省「新産業構造ビジョン　一人ひとりの、世界の課題を解決する日本の未来」
https://www.meti.go.jp/press/2017/05/20170530007/20170530007-2.pdf

②　人事制度の変化

等級の面では、これまでのように同じようなスキルセットを持った画一的な人材を画一的な等級という箱で管理するのでなく、今後はその能力を見極めて個別に契約を行う（もしくは業務委託により外部人材を活用する）ことになると思います。

報酬面では、管理職は自身より高度なスキルを持つ人材も管理するため、自身より部下のほうが給料が高いことはありえますし、多様なサービスの提供のため、定常的に部下を持つのではなく必要に応じて多様なスキルを持った人材をＰＪＴ制・タスクフォースで組織するようなマネジメントが拡大していくと考えられます。その場合の給料は、ＰＪＴ中の契約金や成果に対する報酬という意味合いが強くなり、年功・能力給といった従来型の報酬制度はそぐわなくなることが想定されます。

評価・育成面についても、この高度化・多様化した業務に関わる社員に限っては、職務として期待されていることに対して特化した人材であることに価値があるため、総合的に能力を保有している必要はなく、評価・育成の方向性も弱みを補正するのでなく、強みをより伸ばす・評価するというような加点方式に変わっていくと考えられます。（管理人材や専門領域を見いだせていないキャリアの発展途上の社員は、従来どおりの評価方法のままかもしれません）

さらに、人材が多様化すれば働き方も多様になり、セルフブランディングができている価値ある社員に対しては、オフィスワークからリモートワーク、兼業・副業解禁、時短勤務、キャリアパス多様化（一時的な離職可能等）などの特権が認められ、労働契約もより個別化していくのではないでしょうか。（例えば、グループウェアを提供するＣｙｂｏｚｕでは、地方で農業をしながら本社に兼業社

員として働くような柔軟な雇用契約があり、このような雇用契約の仕組みが他社にも広がる可能性はあります）

③　管理職（マネジャー）・非管理職（プレイヤー）の役割変化

その場合の社内のキャリアパスは、従来の管理職を目指す総合職としてのキャリアでなく、特定の職務・専門領域に従事するキャリアが主役と言えるかもしれません。

管理職に上がれなければ給料が上がらないという現行の仕組みとは異なり、プレイヤーとしての成果や専門性を高めていくことで報酬が支給される構造に変化し、ハイパフォーマー（ＨＰ）や特定領域の専門家であれば、管理職よりも高い報酬が支給されることや個別の労働契約が考えられます。

また管理職は、現在、多くの企業で見られる実務も担いながら管理も行うプレイングマネジャーでなく、管理業務を主として行うことになるでしょう。その管理職もアセスメント等を通じて管理の専門能力を有していると判断された場合に管理のポストに就くことになるため、１つの専門家です。管理職は自身より実務スキルや給与が高いメンバーを管理するため、従来のポジションパワーや過去の自身の経験を武器にメンバーを管理・指導するのでなく、自身より実務能力が高いプレイヤーの支援者としての位置づけが強くなり、統制から支援、ティーチングからコーチングなどのマネジメントの方法論も変わっていくことが考えられます。（管理監督者という法律上の呼称は残りますが、「管理」職という呼称はなくなるかもしれません）

また、管理職が管理の専門家である会社であれば、評価権限も人事が中央集権的に管理するのでなく、現場の部下の職務行動を一番近くで観察している管理職に委譲していくことは必要なことと考えられます。その場合は管理職には適切な評価スキルが求められ、管理職としての複数ある専門スキルの1つに「評価」「フィードバック」が求められるでしょう。ノーレーティングのような現場の管理職に評価の権限と賞与配分の予算を移譲し、現場の管理職の裁量で決定するという仕組みも、こういった流れの1つでないかと考えています。

さらに追加するならば、管理職にはキュレーターとしての役割も求められるのではないでしょうか。キュレーターとは美術館にどんなものを置いたらいいのか、それをどうやって置いたらいいのか、といった「選定」する人のことを指すのですが、その意味が転じて、情報を独自の視点で整理して発信する人を指します。管理職が多様な職務の専門家の統率者であるならば、それぞれの独自性を組み合わせて価値ある情報に整理して発信する、といった付加価値を生む活動も求められるのではないかと思います。今後さらにプロダクトライフサイクルが短くなるならば、従来の安定的に組織を管理してサービスや財を供給するという組織から、ニーズに合わせて新しいサービスを機動的に生み出す組織に変化しなければなりません。きっと、多様な専門家たちのスキルを統合して独自の視点で発信する、新しいサービスを生み出すことができる組織が複数会社内にあることが事業のポートフォリオになります。消費者の価値観・ニーズも多様化しているからこそ、職務も多様化し、そのニッチを当てる組織が複数あることが、経営の健全性に寄与するものと思います。管理職のニッチを当てる組織のキュレーターとしての役割はより重要になるでしょう。

図表8-5 これまでの等級体系のイメージ

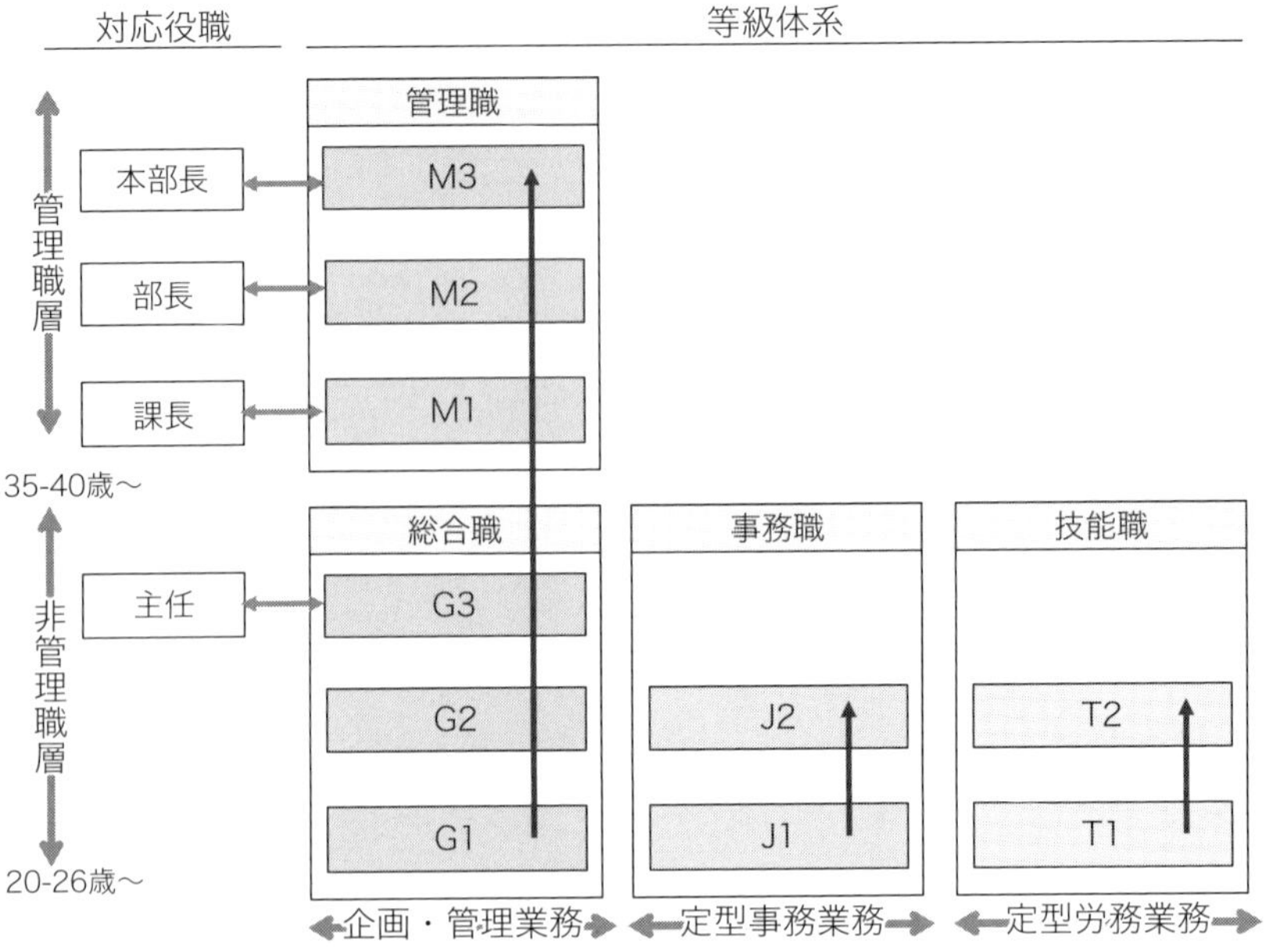

一方、プレイヤーにも変化が求められ、新卒で入社後、能力伸長や年功によって徐々に等級・給与が上がり、35～40歳で管理職になるという従来型のモデルから、即戦力化が求められ、報酬もパフォーマンスや付加価値を生む専門領域を有しているかの成果主義の風土になることが考えられます。

成果主義というと２０００年代の失敗が思い起こされますが、個人主義に陥らないよう成果や職務の指標で評価されるとともに、会社の理念やビジョンの体現者としての行動を３６０度診断やピアボーナス等でフィードバックし、行動を正していくことが、多様化した職務の時代には納得感を高める評価手法として考えられます。

さらに、プレイヤー内でも市場価値に

図表8-6 これからの等級体系のイメージ

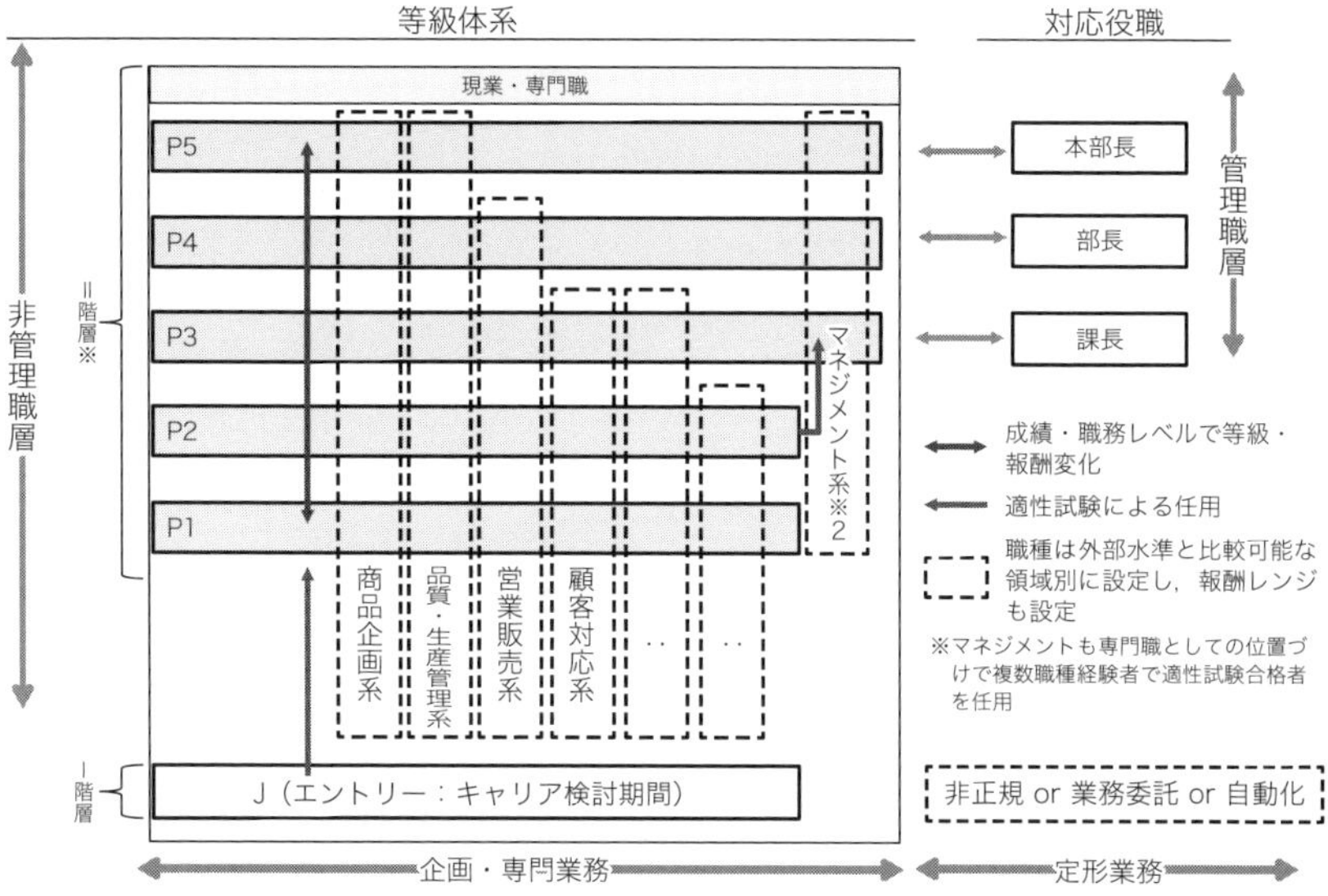

基づき、職種別の給料テーブルや職務基準書（ジョブ・ディスクリプション）による評価が行われると考えられ、人材管理の複雑さが高まり、より社員の能力・適性に合わせた個別管理が人事に求められることになるでしょう。

プレイヤーは、企業からローテーションやOJTによる教育を受けて少しずつ能力を伸長し、自社の文化に染まっていくという成長過程から、職務の多様化・専門化が進んでいるため企業内教育で成長するのではなく、自身で求められる職務に合わせて自らを成長させることが必要になります。企業の福利厚生がベネフィットプラン等、社員自身で選べるサービスが主流になるように、個人の専門性に合わせて教育方法を選択できるようになるのではないでしょうか。

今後職種は大きく変化します。まず産業構造の変化による職種の変化です。大きなトレンドとして、農業・建設業等の第1・2次産業から、ＩＴ関連事業や医療福祉事業の第3次産業への就業人口のシフトが進んでいることと、分類不能な産業への従事者や、他に分類されない管理的職業従事者が増え、職務も働き方も多様化していることが挙げられます。

次にテクノロジーの進化による職種の変化です。今後のＡＩ・ロボット化が進む中で、人材に求められるスキルは変化し、定型業務の減少、専門化・多様化へと劇的な変化が始まります。

そしてこのような外部環境の変化に伴い、人事管理はより複雑になることが予想されます。現在の人事管理スキームよりも高度な管理が要求されることになるでしょう。

第9章

報酬

1　年功的報酬の消滅

国内市場の成長停滞・少子高齢化がどれほど深刻か、プロローグで明らかにしてきました。このような環境において、年功的処遇を継続することは、もはや不可能と言えます。年齢にかかわらず会社に貢献できる人材を数多く抱え、その貢献量に応じた処遇としなければ、人件費は高騰し続け、いずれ破綻してしまいます。「自社ではすでに年功的処遇を廃止し、能力主義へ移行している」という企業も多いと思いますが、実際には一度昇格させたら降格運用ができない、中堅等級の社員の毎年の昇給金額の総額が大きくなりすぎている等、年功主義的な運用が残っているのではないでしょうか。こうした運用も含め、年功的報酬が本当に消滅を迎える時代が来ます。ただし、単純に成果だけで人を評価するのは、社内モラルや心理的安定性の低下、定着率の悪化などにつながりやすく、結局企業のパフォーマンスを落としてしまいがちです。

それでは、どのような処遇をしていくべきかというと、実力（現在・将来に対する貢献のための行動・成果）に基づいて年収が大きく変わる、変動性の高い報酬決定です。適切な職務上の行動を取ることによって、現在ないしは将来の成果を創出している、という状態をあるべき姿として、それらが満たされているかどうかを評価します。ここで注意したいのは、あくまで現在ないしは将来の貢献は重視しますが、過去の貢献に基づいて現在の報酬が引きずられてはならない、ということです。現在ないしは将来の貢献に相応しい報酬が支払われる代わりに、貢献量が減れば報酬も減るようにしなくてはなりません。報酬の下方硬直性を許してしまうと、人件費高騰の原因になり、生産性も低下します。

この報酬のあり方を採用した場合、賃金カーブは年齢に応じた右肩上がりを前提とするのではなく、貢献量に合わせた曲線となります。貢献量が増減するスピードやピークは人によって大きく異なるため、今まで通り年齢とともに増加していく人もいれば、若いうちにピークを迎え緩やかに減少していく人もいるでしょう。ピーク時年齢は個人の健康状態等に大きく左右されますから、人によって賃金カーブは大きく異なる曲線を描くことになります。例えば、毎年能力を向上させながら、より難しい役割へステップアップし、それに伴い報酬が右肩上がりとなる人もいれば、若いうちに圧倒的に評価されて高い報酬を得たものの、年齢とともに技術の陳腐化や感性の鈍化などにより貢献量が小さくなり、報酬も下降を辿る人もいるでしょう。もしも処遇を維持したいのであれば、自身が生み出す貢献量を維持しなくてはなりません。

この報酬のあり方を実現する仕組みとして、職種別の実力主義報酬が考えられます。職種ごとに、実力に応じて柔軟に昇降格し、報酬改定がされる仕組みです。これまでの等級管理の前提は昇格のみであり、下り方向のないエスカレーターのような等級管理が行われていました。降格ルールは設定されていても、実際には懲罰的な意味合いが強く、適用を想定していないことが多かったのではないでしょうか。新しい考え方では、「個人の現在の実力によって、毎年等級を見直す」というものになりますから、直近の行動や成果から適切な等級が判定され、等級格付が見直されます。この仕組みのもとでは、「昇格」「降格」と言うよりは、「格付見直し」と言ったほうが適切でしょう。「昇格」「降格」

としてしまうと、過去の評価・等級の積み重ねを前提とした表現になってしまうためです。過去の評価・等級がどのようなものであったとしても、現在の実力と等級の判定には無関係であることを指し示すためにも、「格付見直し」と呼ぶべきでしょう。こうすることで、実力に応じてエレベーターのように等級が変更される仕組みが整います。当然、等級によって報酬の水準が異なるため、等級が見直されれば、報酬も同じように連動して見直されます。社員にとっても、「来年になれば昇給する、少なくとも今より悪くならない」という体感はいよいよ捨て去られ、「実力を維持・発展させなければ、今の年収を維持することすらできない」という、本来社会人に求めるべき正しい責任感のもと、労務提供していく時代になります。

なお、職務型賃金の場合は、職種ごとではなく、個々の職務の価値によって報酬を決定する方法となります。

ここまで述べた仕組みは、主に基本給決定を想定しています。それでは、基本給ではない、他の手当はどうでしょうか。実力主義の考え方に沿わない給与と言えば、労働の対価ではなく、特定の条件を満たした場合に支払われる生活保障給、いわゆる属人的手当全般です。これらの手当を維持し続けることは難しく、廃止されるでしょう。具体的に言えば、年齢給・扶養家族手当・住宅手当などです。特に扶養家族手当については、社会的変化の面から言っても廃止が妥当と考えられます。配偶者手当は女性の社会進出を阻む原因になり得ることや、子ども手当についても出産・育児に関する行政支援が拡充していることからも、企業があえて支給する理由は年々小さくなることでしょう。

議論が残るものに、地域手当があります。地方から都市への人口移動が継続される予想であることを踏まえると、地域間の物価や収入、生活水準の差は広がる一方です。これについての補塡がなくなれば、同一企業であっても勤務地によって生活水準に差がある状態となります。この地域間格差は現行よりもさらに拡大するでしょう。例えば、地方で月収30万円の人が、首都圏で同一の水準で生活を送るためには、月収35万円必要になるかもしれません。その場合の必要な地域手当金額は５万円ということになります。

2　職種別報酬の徹底

第1章で述べたとおり、職種によって労働需要・供給が異なり、中にはなくなっていく職種も存在します。職種によって需要・供給が異なるということは、職種によって労働市場の報酬水準も大きく異なることとなります。職種による価値の差異が大きくなれば、職種別報酬の格差の拡大も進むでしょう。一時期、新卒のＡＩ技術者に対して、１０００万円を超える年収を提示する企業が話題となりました。これまでの新卒一括採用を前提とした「総合職」「一般職」といった区分けでは、本当に必要な知識・技術を持った人材を獲得できないという事態が生じています。その企業のコアスキルに関わり、かつ、外部労働市場でも稀少性が高い職種については、今までの報酬の枠組みから大きく逸脱した、大胆な報酬の提示ができることが必須となります。同じ入社年度の人材であっても、職種によって数百万円の年収差があることが、事業戦略上当然ということになります。

では、２０３０年において、年収が上がる職種、下がる職種とはどのようなものでしょうか。大原則から述べれば、労働市場における希少性が高く、技術代替性が低い職種であれば、年収は高くなります。その反対の職種が、年収が下がってしまう職種です。２０３０年の労働市場においては、ＡＩ・ロボット化による技術代替によって、職種の需要が大きく損なわれます。ＡＩ・ロボットに代替されない職種の中でも、希少性が高い職種や人材ほど年収が高くなります。ＡＩ人材はその典型で、少なくともシンギュラリティと目されている２０４５年までは、その需要が継続するでしょう。Ｆｏｒｂｓ紙は、アメリカにおけるＡＩ人材の年収水準は約30～50万ドル（約３３００～５５００万円）と報じています。また、次いで世界的に需要の高いＩＴ人材も、アメリカの平均年収は約１２００万円です。また、中国企業も人材争奪に力を入れている点は見逃せません。２０３０年の日本企業におけるＡＩ・ＩＴの年収水準は、アメリカ・中国企業をベンチマークにして、同水準に近い年収提示がされるでしょう。

また、こうした専門性の高い職種だけでなく、管理職も同様に年収水準の引き上げが必要です。２０１４年2月28日の日経新聞の記事にて、日本の管理職の年収が中国・タイを下回るという指摘がされました。このまま国外と国内の年収差が広がっていけば、優秀な管理職の国外流出の問題が顕在化・深刻化するでしょう。

一方で希少性も低く、技術代替性が高い職種は、徐々に労働者を減らしながら、年収水準も下がっていくでしょう。前節で挙げられた不動産仲介・売買人はその典型例と言えそうです。現在、両職種が多く従事している業種における平均年収を調べると、不動産取引業において約６７０万円、不動産賃貸業・管理業において約５６０万円となっています（令和元年賃金構造基本統計調査／いずれも大学・大学院卒を対象）。技術代替は資金力のある大手企業を中心に進むでしょうから、２０３０年には地場の不動産業者にしか労働者が残らなかったとしたら、どちらの職種も約５２０万円まで落ち込むという推測が立てられます。他にも技術代替性が高い職種と言えば、一般事務職が挙げられます。一般事務職の年収については、公的な統計調査がないために、明確な年収水準は不明ですが、求人サイト等を参考にすると、３００万円前後での募集が一般的と推定されます。あくまで採用時の提示年収であり、社内での昇給もあるでしょうから、一般事務職の全体平均年収はもう少し高いでしょう。現時点でも年収は低い職種ですが、今後さらに労働需要が減少するでしょうから、もはや一般事務職は正社員雇用ではなく、パート・アルバイト・派遣社員として、最低賃金に近い時給での募集が一般的となり、いずれ職種自体が消滅することでしょう。

3　労働生産性向上に伴う報酬水準の向上

日本企業全体の問題として、労働生産性の低さが挙げられます。今後日本企業が生き残るためには、働き方の見直しや、労働者のスキル向上、設備投資などあらゆる施策を通じて、付加価値の最大化と投下資源の最小化をしなくてはなりません。現在の日本の労働生産性は世界21位ですが、トップ10に入るためには、現在の労働生産性より約35％の向上が求められます。政府は、２０１７年の段階で、労働生産性の年平均伸び率を2・0％にすると閣議決定しました。この数字が達成されれば、労働生産性は20年間で1・5倍となる見込みです。このような数字を達成しなければ、日本企業の先行きは非常に暗いことになります。

生産性改善に資する報酬の仕組みとして、実力主義と職種別報酬の徹底があります。財務省の法人企業統計によると、2019年まで連続7年間、企業の内部留保が過去最大を更新し続けています。社員への分配が行われていないことの証左と言えます。税金や社会保険料が上がり続ける中で、給与が変わらないということは、生活保障ができない給与となってしまい、これでは企業の責任を充分に果たせているとは言えません。

社員の労働の結果として労働生産性が向上したのであれば、その対価として報酬が支払われることが合理的と言えます。現在の日本の労働生産性は1人当たり約850万円です。これを1・5倍まで引き上げられれば、約1300万円となります。労働分配率60％とした場合、現在510万円の年収が780万円になります。つまり、労働生産性が1・5倍向上したとしたら、社員の報酬を270万円ほど引き上げても、労働分配率としてはこれまでと変わらないのです。実力主義、職種別報酬など、純然な労働価値に対しての処遇とすることで、社員に対して多大な努力を要求している以上、その見返りをしなければ疲弊を起こし、企業だけでなく国内全体の不活性化を招くでしょう。この他にもあらゆる施策を打ち、労働生産性が向上した暁には、社員に対しても適切に分配を行うべきです。

また、可処分所得の側面からも、収入の底上げは不可欠です。税金・年金負担は年々増大の方向です。人口予測を見ても、この傾向が緩和されることは考えにくいでしょう。そうした場合、たとえ今と同水準の報酬が支払われていたとしても、可処分所得は目減りしていきます。特に非正規雇用で働く人材については深刻であり、現在の最低賃金に合わせた時給では到底生活ができなくなります。同一労働同一賃金への対応も含め、時給の底上げと賞与の支給により、処遇は大幅に改善されていくと考えられます。

第10章

根本的に変わる評価

1　評価はまだ課題が多く、その役割を果たせていない

今後企業を取り巻く環境は大きく変わっていきます。人口減少、国内市場の縮小に伴い国内の競争は激化し、新たな収益を求め事業はグローバル化を模索していくことになるでしょう。そして働き方やライフスタイルなどの多様化により、働く女性や雇用延長に伴う中高年、外国人労働者の増加など人材も多様になります。また、テクノロジーの進化に伴い職種も様変わりするなど、今後は、厳しい競争環境の中で、多様な人材をより効果的、効率的に管理するため、高度な人事管理が求められます。

その中で現在の評価の機能はまだ課題が多く、その役割を果たせていません。企業にとって人材を評価、見極める代表的な場面の1つとして、人事評価が挙げられると思います。上司が部下に対して、1年や半年などの期間の中で、部下がしっかり成果をあげられたか、また成果をあげるために能力が発揮されたかどうかなどを評価し、賞与や昇給、そして育成などに活用していきます。しかし、会社で定められている人材要件があるにもかかわらず、上司の好き嫌いで評価がされているなど、評価の質を課題に挙げる企業があります。そういったことがないように評価者に対し評価者トレーニングを実施し、公平を担保するために、評価者が集まって1人ひとり目線合わせをするなど、質を担保している企業が多いのではないでしょうか。評価の質の担保にあたっては、人事にとっても相当の負担が生じており、評価者である管理職から、もうすこし負担が減らせないものかと、苦言をもらう人事担当者も多いのではないでしょうか。

そういった課題から、業務の効率化を図る評価システムを導入し、効率化だけでなく、社員の評価やスキル、経歴などの人材に関するデータベースを社員のキャリアの形成などに有効に活用できないか、模索し始めている企業が多くなってきました。しかし、データの登録、蓄積はしているものの、その活用は十分ではありません。評価結果を集計してその傾向や、成果と能力発揮の因果関係を分析し、教育や昇格、昇進、そして採用などへ利用している企業はまだ少ないのではないでしょうか。そして人事白書によると、人事評価が業績向上につながっていない企業は約6割に及びます。これは驚くべき数値です。評価の運用にあたっては、まだ道半ばであることがわかります。

このように、人材を見極め評価していく取組みは、現在様々ではありますが、正確さや効率性、費用対効果といった面において、まだ課題を抱えている企業が多いのが実態となります。いわゆる管理部門でいうと、経営企画や財務、経理、給与などのいわゆる「カネ」の管理は、どの企業でもシステム的に発展し、業務の効率化が進んできましたが、「ヒト」を見極める評価の機能に至っては、他機能と比べるとその有効性については、「周回遅れ」と言えるでしょう。

そして２０３０年を見据えると、企業にとって多様な人材を獲得、育成し、生産性の高い組織にしていくために、この評価の機能が果たす役割は、ますます高まっていくことが考えられ、早期に発展が望まれる機能と言えます。

2　10年後、評価は根本的に変わる

10年後の評価はどう変わっているでしょうか。ポイントは3点あります。1つ目は、「多様な人材を評価していくこと」、2つ目は、「評価の正確さを高めること」、そして3つ目は、「業績向上に貢献すること」です。

まず1つ目の「多様な人材を評価していくこと」ですが、これは職種が多様になっていくことが背景に挙げられます。そしてメンバーシップ型の人事管理から、ジョブ型の人事管理に変遷していくことが大きく影響してきます。今までは総合職などは、単線型の人事制度のもとで大きなくくりで管理されてきました。様々な職務を経験してキャリア形成をし、企業に貢献していくことが求められ、厳密に担う職務など定義されていなかったのです。しかし今後は職種が多様化するため、個々の職種別に職務を明確に定義、管理する制度に変わっていくでしょう。

そして2つ目の「正確性を高めていくこと」では、テクノロジーを活用していくことや、多面的な評価を導入し、オープンにしていくことが重要なポイントです。現時点でもまだ評価には、紙の評価表を配布している会社も見られるなど、非効率的でアナログ的な面が多く残っています。評価の根拠の収集や運用にあたっては、テクノロジーを活用し、より効率的に正確に運用していくことが当たり前になっていきます。また、現在の評価は特定の評価者で決められる取組みとなっていることもあり、評価される側からみると、その決定にあたるプロセスや根拠がよくわからず、密室で決まっている感

図表10-1 現在と今後の評価

	現在まで	2030年
人事制度	総合職を中心とした単線型人事制度	多様な職種に対応した複線型人事制度
人材活用ポリシー	メンバーシップ型	ジョブ型
評価の考え	会社が定める基準に対する評価	個々の強みを明らかにする評価
評価者	上司の一方的な評価	上司だけでなく、社員同士や外部アセッサーからの多面評価
評価の技術の活用	タレントマネジメントの導入（アナログ管理からの脱却）	AIなどテクノロジーを活用した評価の自動判定（効率性、正確性の追求）
評価期間	半年、1年に1回一律評価	多様な人材、職種に応じて適宜詳細に評価
評価情報の閲覧	上司など一定権限者のみが閲覧	だれでも閲覧可能、オープン、透明性の確保
評価の業績への貢献	不透明・貢献できていない	業績への貢献が立証されている

が否めません。これからの評価は、360度診断など上司と社員がお互いに評価をする仕組みを導入することや、過去の評価結果や評価に関する情報は、システムを導入して可能な限りオープンにするなど施策を講じることで、評価者の評価に対する責任意識を高め、より正確な評価を促す風土を醸成していくことが当たり前になります。

そして最後の3つ目は「業績向上に評価が貢献すること」です。今後企業が置かれる競争環境は、ますます厳しくなってきます。人事施策もやみくもに実施するのではなく、必要で有効な施策を厳選し、効果的にその機能の役割を果たしていかなければなりません。それは今後企業が果たす役割、例えば、生産性を高めていくことなどに対して、個々の人材がそれにどう貢献していくのか、生産性と人材の特性との相関を分析していくことが重要になるということです。これは「**第2部第15章　人事の運用**」で詳しくは述べていきますが、人材という重要な経営

図表10-2 今後の評価方法

	現在まで	2030年
①コミュニケーションスキルなどのヒューマンスキル	対面等による観察、記録による属人的な判定	面談の実施をオンラインで実施するなど、方法や記録を限りなくデジタル化、データの根拠に基づいた客観的判定
②思考力などのコンセプチュアルスキル	試験及びプレゼンテーションからみられる傾向などにより属人的に判定	試験や適性検査などはオンラインで実施、データの根拠に基づき客観的に判定
③職務遂行などのテクニカルスキル	上司が業務遂行を観察、記録、主に人事評価にて判定	IoTなどを活用、社員の職務行動などに関わる情報がすべて自動で記録、その記録をもってAIにより評価

資源を定量的にかつ合理的に分析、管理し、高度な人事管理をしていく必要があるということです（図表10－1）。

3　評価の正確性、信頼性を高める

前述のように、これからの時代、会社は様々な職種の人材を抱え、管理、活用していく必要があります。職種における人材要件がすなわち、評価の対象となります。

人材要件の管理は多様な職種のもと体系的に整理が進んでいくと思われますが、その流れは、今までのいわゆる日本型の終身雇用、単線型のキャリアモデルを前提としたものではなく、欧米のような「ジョブディスクリプション」に近い管理に移行していくことは間違いないでしょう。それはつまり、より評価における負担が高まり、より効率的な運用が必要となってくることを意味しています。

2030年はテクノロジーの進化が進み、現在のアナログ的なやり方などでは評価の役割を到底果たすことはできないでしょう。現在、評価は採用や昇格、そして賞与や昇給など処遇への活用のタイミングで都度実施をし、大変な労力が生じています。これからの評価は、今までの専門家の知見や過去の評価に関わるデータなどをＡＩやＩｏＴを活用して、分析し、自動で評価される時代が訪れるでしょう。

では、評価方法は今後どのように変わっていくのでしょうか。①コミュニケーションなどのヒューマンスキル、②思考力などのコンセプチュアルスキル、③職務遂行などのテクニカルスキル、この3つの領域における評価の在り方について考えていきたいと思います（**図表10－2**）。

①　コミュニケーションスキルなどのヒューマンスキル

今まで採用や昇格などの判定においては、ほぼ面談といった手段を通じて、時間をかけて審査し、一般的に求められるコミュニケーションスキルなどを見極めてきました。現在のテクノロジーにおいては、人の表情や音声については、自動で記録することが可能になってきており、その信頼性もかなり高いレベルにあります。よって今後、面談の実施方法や記録を限りなくデジタル化することで、その審査にかかる人的コストの削減や、面談の実施する場所、時間も業務に合わせて柔軟に対応することが可能になります。

②　思考力などのコンセプチュアルスキル

思考力や自身のキャリアの考え方などを判定する方法として論文試験が挙げられます。テキストマイニングの技術を使い、その人材が将来会社に貢献していきたい考え方やキャリアの志向、働くことに対するやりがいや価値観など、簡単に把握することができます。そして思考力などのコンセプチュアルスキルも、これから試験手法の開発が必要になりますが、その記録を蓄積していくことで、ＡＩにより自動で評価できる時代がくるでしょう。

③ 職務遂行などのテクニカルスキル

今後様々な職種が管理されることになるので、一概に言えない部分もありますが、業務上、パソコンや機械・設備を利用しているのであれば、ネットワークやＩｏＴなどの技術を活用し、社員の職務行動などに関わる情報がすべて自動で記録され、その記録をもってＡＩなどにより自動で評価するようになるでしょう。現在でもメールやメッセンジャーなどが日常的に活用されていますが、この内容を分析、フィードバックするサービスはすでに存在しています。今後そういった業務に関わるデータを活用し、評価結果の正確性が高まっていけば、もう人が評価することがなくなる時代が訪れるかもしれません。

「正確性」とともに「信頼性」を高める施策も重要になります。その１つの方法として，多面的に人材を評価することが増えてくることが考えられます。この背景には、管理職の選定にあたり拠り所とする評価は、上司である管理職の評価結果のみという従来からの実態があります。このように、管理職だけの観察と評価では、職場での行動を正確にかつ網羅的に判定したものではありませんでした。

概して上司の部下に対する評価は甘くなりがちですが、それでは社員にとっても会社にとっても成長ができません。働き方の改革が求められていることでマネジメントの重要性が高まっている背景もありますが、今後、経営計画を遂行するにあたり、真に必要となる優秀な人材を見極めていくためには、社内の評価だけでなく、信頼性の高い外部専門家からの能力判定などがより重要になってきます。より正確で信頼性のある評価を評価される側に情報として提供していくことが、会社の成長といった観点においても、社員の納得感の観点においても重要になるでしょう。

そして「多面評価」は、その会社、事業、職場において「人材がマッチしているか」がわかるということです。会社で働く人材の組み合わせはものすごい数になります。特に多くの人材と関わりを持ち、事業を推進していく立場であるリーダーやマネジャーが職場にマッチしているかどうかは、組織の目標達成に大きく影響を及ぼします。現在、３６０度診断などサーベイを実施する企業が多くなっていますが、より多くの人材に関する評価情報の収集が、次の評価の仕組みの発展において、重要な時代になっていくことでしょう。今では様々な自己診断のツールも発展しています。現在、就職活動を行う際の自己診断ツールは数え切れず、毎年新たな診断が生まれています。人材の志向や性格などについては、アンケートなどによって容易に判定できる時代となっています。こういったツールの活用、連携も評価の「正確さ」「信頼性」を高める1つのツールと考えられます。

最後に、今後、評価において、会社が求める要件、基準に照らした「マイナス評価」や「減点主義」「ダメだし」のような考え方では企業は成長していかないでしょう。多様な人材の活躍が企業の成長にとって重要であるべきといった考え方に立ち、1人ひとりの強みを伸ばし、パフォーマンスを効率的に高めていく評価の仕組み、考え方が有効になってくるでしょう。

4　評価は業績向上に貢献する

どんなに能力が高い人材でも、企業で成果をあげ、貢献しなければ、その人材の価値はその企業ではありません。企業であげるべき成果と人材の能力の相関は高くなければなりません。この観点からの人事管理が現在まだ発展途上であり、今後変わっていく余地が大きいと思われます。もし成果をあげる能力や要素がわかれば、評価すべき対象は限りなく限定できますし、何より最も効率的です。今までコンピテンシー＝高業績者の行動特性が注目され、それをもとに人材管理が発展してきました。しかし、残念ながら、ほとんどの企業が内容の理解に乏しいままコンピテンシーを作成していることもあり、真にその企業の成果につながるコンピテンシーであるかを検証している企業は少なく、極めて大きな課題と言えます。

信頼性の高い評価を行うには、その根拠となる情報をどのくらい正確に多く得られるかにかかっています。よって、企業はタレントマネジメントシステムなどデータベースシステムの導入を進め、データを蓄積していくことになります。そしてその情報は、人材要件で定められた成果や職務行動、能力における評価の根拠となります。最も重要なのは、これからは評価の目的を「業績への貢献につなげること」に定めることです。この評価の機能如何で、企業の業績に差が生じていくことは間違いないでしょう。

評価という機能の正確性や信頼性、有効性を高めていくことは、人材のパフォーマンスを高める教育などにとっても、極めて大きな課題です。今後の技術の進歩への対応を踏まえ、人事部門として、経営システムや報酬システム、そして育成システムなどの機能連携を備えた評価制度の設計力と、その運用力が試される時代に突入していくことになるでしょう。

第11章

激変する教育研修

1 教育は生産性向上に寄与していない

日本の生産性は諸外国と比較すると低い水準にあり、世界をリードしていた頃の面影はなく、アジアの小国になりつつあります。その背景には、国内市場が頭打ちになってきていることに加え、厳しい経営環境の中でも勝ち抜いていくために指揮をとっていく「経営人材」の育成が不十分であったことが考えられます。社員の延長上で経営メンバーとして、執行役員や取締役へ登用されていくルートが多いかと思われますが、その過程で「経営人材の育成」が十分にその機能を果たしてきたかは、疑う余地があると思います。昨今ようやくサクションプランなどの取組みが注目され、進んできたとは思いますが、まだ十分ではありません。

また2030年に向けて国内での競争が激化し、内需だけでは、企業の成長を遂げていくことは難しくなるでしょう。その中でその重要性が高まっている人材群が、グローバル人材です。今後、海外のマーケットも視野に入れた事業計画を策定する際には、人材のポートフォリオを再構築し、グローバル人材を新たに調達、育成していく企業も増えていくことが考えられます。経営人材と併せて、重要な人材群として位置づけられていくことが想定されます。

現在の人材育成は、社員を雇用し、全社員に共通する教育と、雇用区分や職種に応じた個別の教育テーマが設定される専門教育に分けて実行されています。前者は、入社時の新入社員教育、職場のリーダー育成、管理職向けの研修など、階層別のスキル研修や年代別のキャリア研修などが当たります。後者は、例えば、営業社員であれば、商品説明に必要なプレゼンテーションやコミュニケーションスキルなどの職務遂行に必要な専門スキルを習得する教育となります。

２０３０年の事業環境は、テクノロジーの変化により業務の在り方は変わり、そして雇用区分や職種などは細分化が進みます。よって専門的な教育の重要性が高まっていきます。現在行っている階層別研修やキャリア研修などについては、その重要性は相対的に低くなっていくことが考えられ、そのやり方は大きく変わる可能性があります。人材が多様化している中で、多様な教育の機会を提供していく必要があります。社員の強みや弱み、そして経験など、個人を管理する情報は多種多様で一律ではありません。パターン化して教育していくことに限界すらあるかもしれません。

人材育成の方法について目を向けてみたいと思います。一般的に、教育の方法として挙げられるのが、現場で先輩が後輩に業務を通じて指導していくＯＪＴ（On-the-Job Training）や前述したように階層や職位別に集まって実施する集合研修、Ｅラーニングなどのｌｌ技術を活用した教育があります。

２０２０年に発生したコロナウイルス流行のインパクトは絶大でした。人が集まることを極力避けることが求められる中、多くの会社で集合研修が延期や中止となりました。その後、受講者がパソコンやスマートフォンからネットワークを通じてリモートで参加するオンライン研修が主流になりつつあります。技術的には新しい技術を用いたわけでなく、既存の技術を用いているだけですから、今まで普及しなかった背景としては、利用する社員のＩＴリテラシーの低さや、従来のやり方を変えることにより教育の効果が得られないのではないか、つまりオンライン研修という未知の領域への不安感が存在していたということでしょう。
また教育の方法については、すでに研修効果を最大化するために、アクションラーニングや反転授業などの手法がとられ、より効率的かつ効果的に教育がなされていくことが想定されます。反転授業とは、「説明型の講義など基本的な学習を宿題として授業前に行い、個別指導やプロジェクト学習など知識の定着や応用力の育成に必要な学習を授業中に行う教育方法」です。講義などで学べるような知識学習はできる限りEラーニングなどのオンラインで受講し、物理的に受講者が集まる研修では、演習などを中心により実践的な学びに注力します。復習においてもオンラインで受講し、学びの定着を目指すものです
学びの要素には、「Knowing（知識）」「Doing（実践）」「Being（自分が何者か知ること）」の3つがあります。今までは3つの要素の中では、「Knowing（知識）」の比率が教育における時間の使い方として非常に大きなウェイトを占めていましたが、今後は、より実践的、かつ、社員1人ひとりの在り方をしっかり自覚させ、真に成長し企業に貢献していく教育が重要になります（**図表11-1**）。
2030年を見据え、生産性の高い組織を目指していくためには、多様な人材を、きめ細かく、必要なタイミングで、効率的に教育していくことが求められることから、早期にその教育方法を見直し、人材の成長スピードを加速させていくことが重要となります（**図表11-2**）。

図表11-1 学びの要素（リーダー育成において教える際の必要な要素）

学びの要素	要素の概要	具体例
Knowing（知識）	フレームワーク、理論など	産業構造を決定する力、資本利益率の意味と測定、マーケティングにおける4Pなど
Doing（実践）	経営を実践する際の核心部分となるスキル、能力、技術など	チームメンバーとして課題を実行すること、プロジェクトを遂行すること、人事考課（パフォーマンスレビュー）を実施すること、効果的なプレゼンテーションを行うこと、製品の営業など
Being（自分が何者かを知ること）	マネジャーの世界観やプロフェッショナルとしてのアイデンティティを形作る価値観や信念	誠実さ、正直さ、公平さ、個人の強みと弱みの自覚、組織の目的や目標などを体現する行いなど

図表11-2 現在と今後の教育

	現在まで	2030年
人事制度	総合職を中心とした単線型人事制度	多様な職種を前提とした複線型人事制度
人材活用ポリシー	メンバーシップ型、組織員としての貢献意欲を促進	ジョブ型、個々の専門性を生かした貢献スタイルを追求
教育の考え	一律に教育	個々の課題に応じた教育
教育のスタンス	会社から提供された教育機会に参加（受け身）	会社から提供された教育環境を必要に応じて利用（主体的）
教育領域	Knowing, Doing中心	Knowing, Doing＋Beingを強化
教育テクノロジーの活用	Eラーニングによる Knowing教育 オンライン研修の浸透	ナレッジのオープン化、VRなどによるDoing教育
教育の業績への貢献	不透明・貢献できていない	立証し、貢献している

2　すでに発展を遂げている教育環境

すでに現在、オンラインで学べるサービスや、最新の技術を利用した教育の取組みがあります。世界に目を向けてみると、特に欧米においてオンライン研修は日本に比べるとかなり先行してきました。例えば代表的なものとして、ＭＯＯＣ（ムーク）が挙げられます。ＭＯＯＣとは、大規模公開オンライン講義を意味するMassive Open Online Courseの略称ですが、世界の名門大学の講座も受講できるうえ、ほとんどが無償です。２００８年頃アメリカでスタートしたのを皮切りに、２０１５年の総受講者数約３５００万人という人気を得るまでに成長しています。このような広がりを見せる中、日本の東京大学も２０１３年からＭＯＯＣに進出しています。また世界的にＭＯＯＣが拡大する一方、日本でもＪＭＯＯＣ（Japan Massive Open Online Courses＝日本オープンオンライン教育推進協議会）が２０１３年11月に設立され、様々な講義が行われるようになっています。ＪＭＯＯＣは、現在までに累計３４０講座が行われており、10代から80代まで１００万人以上の人が受講しています。一部の講義を除いてすべてが無償で提供されており、アカデミックなものだけでなく、企業教育にも使えるビジネスプランも用意されているので、企業が活用しやすいサービスとなっています。

また最新技術に目を向けてみると、近年、バーチャルリアリティ「ＶＲ」を活用したニュースを目にする機会が徐々に増えています。ＶＲはVirtual Realityの略で、「人工現実感」や「仮想現実」と訳されます。ＶＲによって「限りなく実体験に近い体験が得られる」ということを示します。特に、ゲームや音楽のライブなど、エンターテインメントの世界が他分野に先行して多くのコンテンツを提供しており、ＶＲの普及に貢献しています。そして教育の分野においてもこの「ＶＲ」の技術を用いたオンライン型のＶＲ研修によって、非接触で遠隔地、かつ、リアリティが高くインタラクティブな研修を、時間や場所にとらわれず柔軟に実施することが可能になっています。例えば、接客・営業などのコミュニケーションスキル向上のトレーニングや製造業における生産現場での特殊車両・産業機器などの技能訓練、工場のオペレーション研修などです。このＶＲ研修の優れた特徴は、従来の「聞く・見る」を前提としたＥラーニングや動画学習に比べ、「体験・経験」を重ねることによる高い学習効果を期待できる点です。

すでにネットワーク技術等の発展により、多くの書籍の電子出版や様々なコンテンツの動画配信サービスなどにより、学びに必要なデジタル情報、コンテンツがあふれています。現在、その動画を制作するアプリケーションも、高機能でかつ安価で提供されており、少し学習すれば、専門的なデザイン技術がない社員であっても、相応の動画制作が可能な時代となっています。

そして通信規格において高速通信を実現する５Ｇの技術の活用することで、ネットワークを通じたリアルなコミュニケーションが実現できるようにもなってきています。

このように、すでに現在、「いつでも」「どこでも」「だれでも」学ぶことができる時代に突入しているのです。

3 経営人材やグローバル人材の育成の本格化

2030年へ向かう現在、グローバル市場も国内市場もその競争は激しく、また先行きの予測が非常に難しいものになっています。予測を難しくさせている要因の1つが、「VUCA」の時代への突入です。「VUCA」とは、Volatility（変動性）、Uncertainty（不確実性）、Complexity（複雑性）、Ambiguity（曖昧性）の4つの単語の頭文字をとった造語で、ブーカと発音します。企業を取り巻く社会環境の複雑性が増し、次々と想定外の出来事が起こり、将来予測が困難な状況を意味する言葉です。その中で競争に勝ち残っていくためには、正解のない問題や課題を解決していくことが求められることに間違いないでしょう。

特に人事施策の面で重視しなければならないのは、「経営人材」や「グローバル人材」の育成です。経営人材の中にはグローバル人材も含まれており、また双方の人材ともに、次の4つフェーズに沿って同じプロセスで育成を進めます。

まずは①必要なポジション、ポストの要件を明確にすることです。これは先に記載したジョブディスクリプションと同義です。そして次に②必要な人材要件に合致する社内からの人材選抜や、社外からの人材調達を行います。そして③その人材に対する育成計画を策定し、実施します。④実施後は育成施策の検証を行い、必要に応じて候補となる人材の入れ替えや育成施策の見直しを図ります。経営人材やグローバル人材といっても、育成のプロセスは、他の社員と大きくは変わりません（**図表11-**

図表11-3 経営人材やグローバル人材の育成プロセス

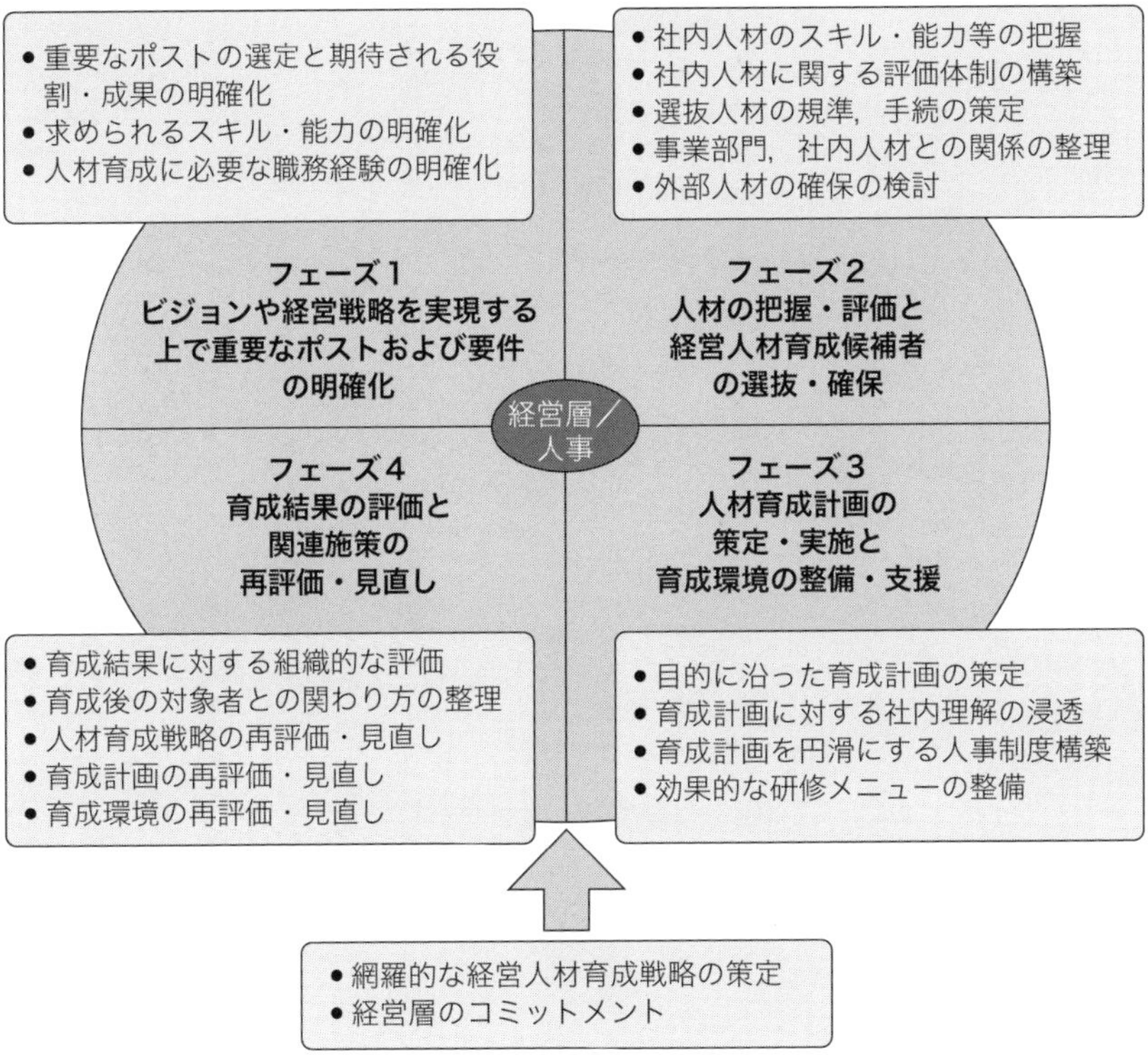

出典：経済産業省（2017）「企業価値向上に向けた経営リーダー人材の戦略的育成についてのガイドライン」p.9　https://www.meti.go.jp/report/whitepaper/data/pdf/20170331001-1.pdf

3)。

今までも経営人材やグローバル人材の育成については、その重要性が認識されてきたものの、その成果はまだ十分に得られていないのが現状です。

その背景には、今までの日本では、一括採用で、世代別に人材を管理し、平等主義的、年功的な人事管理が行われてきたことが挙げられます。これでは社内での競争が十分に働かず、力強い人材が生まれてきません。また、管理職となりマネジメント経験を積み始めるのが

40歳前後と遅く、経験を得て活かすまでに時間がかかっていました。これでは早期の経営人材の候補者選定は難しく、サクセッションプランなど実施している企業もみられますが、その有効性は限定的にとどまっているのが現状です。

経営人材に求められる要件については、代表的な要件の1つに経営リテラシーが挙げられます。リテラシーとは「適切に理解・解釈・分析し、改めて記述・表現する」ことと訳されます。つまり経営リテラシーとは、経営にあたり必要となる経営や戦略、財務、マネジメント、マーケティングなどの必要な知識を有し、実践できることを指します。経営を合理的にマネジメントしていくためのベースとなるスキルと言えるでしょう。

グローバル人材に求められる要件についても触れていきたいと思います。代表的な要件として、当然語学力が挙げられますが、最低要件にすぎません。最も重要なのは、「異なる文化を理解できる感受性と知性を持ち合わせること」を前提に「異なる価値観を持つ相手の話の意図や背景を深く理解し、自身の考えを正しく伝えること」ができるコミュニケーション力になります。

経営人材もグローバル人材も当然、各企業の戦略に応じてポジションの要件は変わります。ただ、1つ言えることは、常に学びに貪欲であり、組織を率いていくリーダーシップを持ち合わせていることが共通して必要とされる要件だということです。

そして2030年に向けて、さらに重要な要件は、「自己に意識を傾け、個人の強みと弱みを自覚、自分自身について深く理解」できる「自己認識力」があり、「アイデンティティを形作る価値観や信念を持っていること」となります。人材育成のツールとして、360度診断などの手法があります。

図表11-4 経営人材やグローバル人材の育成のポイント

現在の課題	今後の取組みポイント（2030年に向けて）
● 平等主義的、年功的な人事管理などから、社内の競争が弱い ● 40才前後から管理職となりマネジメント経験を積み始めるのが遅い ● 早期に経営人材の候補者選定、サクセッションプランなど実施している企業もみられるが限定的	● 20代、30代の早い段階から実務を通じたマネジメント経験 ● 自社のフィロソフィーや経営リテラシーの教育の徹底 ● キャリアに対する個々人の意識の変革 ● 困難なポスト（新事業の立ち上げ、ベンチャー企業や投資先への出向、不採算事業の再建、海外子会社のトップなど）につくことによる知見や経験の蓄積

自身と周囲の者の行動認識において、自分が何者であるかを正確に把握しているかということがわかります。今後は様々な「評価」の情報や業務遂行上把握できる業務データなどをもとに、自身の現状を適切に把握し、解決していくための教育の研究が急速に進んでいくことが考えられます。

さらにもう一点重要な要件となるのが、「リベラルアーツ」です。これは大学での科目や学科の「一般教養」などをイメージされる方がおられるかと思いますが、それとは少し異なります。人材教育においては、人間としての教養の土台を築くための学びで、グローバル人材やリーダーを育成する上で、教育カリキュラムに取り入れる企業が増えています。経営人材もいわゆる「人間的な魅力」「人間の理解」などより本質的な要件を持ち合わせることが、多くの社員を率いていく上で大変重要な要件となります。

人材育成には時間を要しますので、２０３０年を見据えると、今からその課題に向き合い、いち早く対処していくことが重要になります。まずは若い世代からリーダー候補者を選抜し、より多くの経験を積ませることです。例えば、新事業の立ち上げ、ベンチャー企業や投資先への出向、不採算事業の再建、海外子会社のトップなどにつかせ、幅広い知見や経験を積ませることが重要です。併せて自社のフィロソフィーや経営リテラシーの教育の徹底、自身のキャリアを受け身ではなく、自身で形成していくことができるよう、意識の変革を進めていくことが重要です（図表11－4）。

4　1人ひとりに合わせた教育が進む

「いつでも」「どこでも」「だれでも」学ぶことができる時代に突入している中で、「Knowing（知識）」を中心とした社員が共通して学ぶような教育は、わざわざ集まって講師から教えてもらうべきものではなくなっていきます。今後社員に求める職務などがより細分化されることで、より実務に即した「Doing（実践）」の領域の学びに注力していくことが求められることが背景としても関係しています。また、学びは自主性に重きを置いたものに変化をしていくことが考えられます。これは、今後欧米のような「ジョブ型」の人事管理が進行していくことが想定されるからです。日進月歩な技術に伴って、業務のやり方は変化し続けていくことが考えられます。場合によっては業務を担当する人が機械に置き換わり、自身の業務がなくなってしまうことさえ想定されます。今後、社員が労働市場価値を持ち続けるために、与えられる業務に対する社員自身の能力開発については、適宜に自主的に取り組んでいくことが求められる時代になるでしょう。

そして「人生１００年時代」への突入と生産年齢人口の減少により、社員は70歳以降も働き続ける可能性があります。このような働く環境の変化にも対応できるように、1人ひとりが学び続けていかなければなりません。つまり、企業においても「リカレント教育」が重要になってきます。現在、国の主導で、労働者が何歳になっても必要な能力・スキルを身につけることができるよう、教育機会の拡充に取り組んでいます。その中で企業の人事部門としての役割は大きく分けて2つです。①人材像に照らして必要となる職務行動とその職務行動に必要となる能力等を管理し、②社員の成長に必要な教育のプラットフォームを提供することです。

①は評価制度との連携も含め、雇用区分や職種に応じて精緻な設計が求められるでしょう。業務は変化していくので、定期的なメンテナンスも重要になります。

②は①に即して、社員個々に求められる能力や評価の結果なども含めて、社員自身の能力や特徴がわかるマネジメントシステムが必要になるでしょう。その中で、社員が必要な教育をいつでもどこでも受講できるプラットフォームづくりが重要となります。教育のコンテンツは時代の流れにより変化していくものですから、定期的な更新が必要となります。

また、企業の競争力の源泉となる専門性の高い領域における実践的な教育は、体制や方法を含め強化していく必要があります。「専門性」は、その企業の競争優位性になりうる領域ですから、人事だけでなく、事業を推進している関係部署のメンバーと連携をし、長期的な教育ができるように社内体制と方法を設計していくことが重要になります。

今後の人材教育は、経営人材、グローバル人材、そして様々な職種の人材1人ひとりの要件にあった教育を緻密な人材要件に即して実施し、生産性向上などに真に寄与できる機能へと変容していくことが求められているのです（**図表11-5**）。

図表11-5 経営人材やグローバル人材に求められる人材要件例

人材要件例	グローバルリーダー人材	経営人材
経営リテラシー	MBAなどの習得が推奨される	経営、戦略、財務、マネジメント、マーケティングなどの経営必要となる知識を有し、実践すること
リーダーシップ	目標達成のためにチームやプロジェクトをまとめ、牽引していくこと	目標達成のために会社組織をまとめ、牽引していくこと
コミュニケーション力	異なる文化を理解できる感受性と知性、異なる価値観を持つ相手の話の意図や背景を深く理解し、自身の考えを正しく伝えること	相手の話の意図や背景を深く理解し、自身の考えを正しく伝えること
語学力	進出する地域の言語を使いこなせること	
学習能力	これまでの経験や知識に固執することなく、次々と新しい知識を吸収すること	これまでの経験や知識に固執することなく、次々と新しい知識を吸収すること
セルフエンパワーメント	逆境に立ち向かい、努力し続けられること	逆境に立ち向かい、努力し続けられること
自己認識力	自己に意識を傾け、個人の強みと弱みを自覚、自分自身について深く理解、アイデンティティを形作る価値観や信念を持っていること	自己に意識を傾け、個人の強みと弱みを自覚、自分自身について深く理解、アイデンティティを形作る価値観や信念を持っていること

出典：文部科学省（2011）「グローバル人材育成推進会議 中間まとめ」p.7
https://www.mext.go.jp/b_menu/shingi/chousa/koutou/46/siryo/__icsFiles/afieldfile/2011/08/09/1309212_07_1.pdf

第12章

継続施策となる人員削減

1　雇用流動化の必要性

産業構造の変化や職種の変化により、日本社会全体で労働力の円滑な移動が必要となります。例えば、介護福祉は今後も旺盛な求人がありますが、小売業はさらに人員が縮小することが予想されます。AIを含めた情報技術者は引く手あまたでしょうが、事務職などは職種自体がなくなる可能性があります。このように産業、職種の構造が変化することによって、産業、職種に必要な人材が円滑に移動できなければなりません。これは一企業で見ると、管理部門のシステムや法務などの専門家は採用するが、事務職社員はシステム化とともに必要がなくなることになります。また工場で人が担当していた業務をロボット化すれば、生産現場の社員はほとんどいらなくなり、ロボットの監視、メンテナンスをする人材のみ必要となるでしょう。このような社内の必要人材数の変化により、〝期間の定めのない雇用〟の社員を全員定年まで雇用を継続することは困難になります。システム、法務などの専門家の採用を積極的に行いながら、事務職社員や工場現場社員についてはシステム化の進度によって、逐次人員削減を進めなくてはなりません。このように変化する環境の中では、採用と退職を適度にミックスさせなくてはならないということになります。

産業、職種の構造の変化に伴う人材の流動化とともに、ローパフォーマー（低業績者、以下「ＬＰ」）への対応も必須となるでしょう。日本では長期雇用を前提とした年功序列型制度であったことから、業績貢献が低い社員を削減することは一般的には行われてきませんでした。しかし、今後はより熾烈な企業間競争が継続すること、また優秀な社員の取り合いも激化することから、実力・職務主義的な人事制度に急速に転換することになります。実力・職務を重視すればするほど、ハイパフォーマー（高業績者、以下「ＨＰ」）とＬＰの差が大きくなります。ＬＰ社員は今までよりモチベーションが低下しさらに業績が低下することになるでしょう。企業業績を向上させるには、ＬＰ社員を積極的に雇用する必要はなく、企業としてはＬＰ社員が退職するほうが望ましいと考えるようになります。構造変化による流動性の必要性とともに、人事制度によるＬＰの流動化施策が常態化することになります。

さらに、主に大手企業では深刻な高齢化が進行しています。特に、バブル期に大量採用を実施した企業では、50代の社員が偏在しています。長らく若手採用を抑制してきた結果、現在40代30代の次世代の社員が全く不足しています。この年齢別人員構成の歪みは、企業の活性化に大きな影を落とします。２０３０年では現在の50代社員は定年再雇用社員となっていますが、この人数が圧倒的に多くなります。再雇用者を含めた平均年齢は45歳を超えるような超高齢企業が多くなるでしょう。企業内の雰囲気は60代50代の社員が多く若手社員が少ない、非常に落ち着いたものとなります。企業が継続して活性化を維持するためには、平均年齢を下げる必要があります。そのため近年多くの大手企業で実施されている、〝早期定年制〟という高年齢社員の削減施策の必要性、重要性が増しています。

日本では法人企業数のうち中小企業が99・７％と大半を占めています。中小企業は大企業に比較して企業体力が弱く、また生産性も高くありません。今後これらの中小企業が成長していくためには、企業間の統合、合併が必要となります。規模を大きくすることで、体力を増し、生産性を高め、優秀な人材を確保し、新たな投資をすることが可能になるからです。このM&Aの加速は、企業人事という観点では、流動性が増すということになります。2つの企業を統合すると、重複した機能の人員が余剰となります。また規模が大きくなることで、相対的に管理間接部門が小さくなります。M&Aは、企業規模が大きくなることによって生産性が高まることを1つの狙いにしているので、コストマネジメントとしての人事管理の観点からは、M&Aと同時に人員の適正化施策が必要となります。合併前後に人員削減を行うということです。

上記のように、産業、職種の構造変化による人材の流動化、実力・職務主義制度によるLPの流動化、高齢企業の活性化のための流動化、M&Aによる余剰人員削減が、現時点よりも大規模に継続的に発生することとなります。流動化施策をうまくコントロールできない企業は、成長を維持し、さらに向上することは困難であるため、流動化施策は積極的に実行しなくてはならない重要な施策となります。

2 変わる企業の雇用責任

日本企業、特に大手企業は長期雇用を美徳としていたため、人材の流動化施策については非常に消極的でした。人員の削減は他のすべての施策を実施してからの最後の手段と位置づけており、そのため経営戦略・計画の達成に必要な人員数や人員構成と乖離した人数・構成で経営をしてきたとも言えます。大手企業の中には、管理職ポストが５００ポストであるのに対して、管理職待遇をしている社員が１０００名いる企業も多くあるくらいです。合理的に考えれば、感触は５００名で十分であるのに、必要のない管理職タイプの人材を生み出してしまっているということです。ポストにつかない管理職は実務の職務を担当しており、結果として企業は高い人件費を負担しています。このような合理的でない状況であっても、管理職の削減や非管理職への処遇改定などは放置してきたと言われても仕方のない状況です。

また企業業績に影響を与えない余剰人員としてのＬＰが数多く存在している企業が多くあります。戦力となっていない社員が一定比率存在することを容認しているとも言えます。ＬＰは３％から10％ほど存在すると言われていますが、その分の人件費が無駄に投下されており、これは主要なコストである人件費が適正な金額よりも大幅にオーバーしている状況です。大手企業では長期雇用を前提とし、新卒一括採用を中心に人材調達をしているため、時間の経過とともに、ＬＰが発生します。ＬＰの人件費相当額の利益が減少し、優秀な社員への配分や新たな投資が少なくなります。

業務の合理化・システム化を推進することで、より効率的な経営を指向する企業がほとんどですが、この合理化によって本来余剰する人員の削減を行わない企業も多くあります。手作業で行っていた業務をシステム化したり、地方拠点を統合するなどの施策を行うと、特定の職種や特定の地域の社員が余剰します。合理化・システム化は、業務プロセスの見直しや自動化によって省力化をするものであり、結果として社員の生産性向上、企業の付加価値向上を目的としています。しかし、余剰社員の削減を直ちに断行する企業は珍しく、合理化・システム化をした後も、社員数が変わらない状況となります。これは、長期雇用に対する過度な美徳意識、人員削減などの流動化施策に対する嫌悪感とも言えますが、合理的には人員削減は必須であるとわかっていても、流動化施策を実施するに至らないのです。

多くの経営者は、企業に長年勤務しており、社員から経営者に登用されるケースが多くあります。自身が長期雇用、年功序列の文化で育ってきたこともあり、社員は長期に関係を築いてきた〝家族〟的感覚を持っています。そのため、長期にわたって雇用してきた社員を退職させたり、処遇を下げることが感覚的、感情的に難しいのです。結果として、企業経営に必要な人数や職種別、等級別の人数構成と大きく異なる人数、人数構成で経営をしているということになり、また人件費も驚くほど高騰しています。環境変化が変化するに従い、人数・人員構成も柔軟にコントロールする必要性が高まりますが、経営者の〝雇用責任〟感覚によって、適正な状態から大きく乖離していると言えます。バブル経済崩壊時、リーマンショック時などに見られたように、ぎりぎりまで雇用を維持しようとする企業でも、今後は人員削減などの流動化施策に踏み切らざるを得ない時も発生します。この時、削減の対象となるのは、余剰管理職、LP、合理化によって余剰になった社員などであり、退職を勧められることになります。余剰はこの時に発生しているのではなく、かなり以前より逐次余剰人員が累積していたと言えますが、経営状況が悪く、企業の危機のタイミングで退職を勧めるということになります。

余剰している管理職社員やLP社員はおそらく10年以上前から余剰しており、当該社員にとっても若い時点でキャリアチェンジをすればビジネスマンとして再度活躍できる可能性が高いが、労働市場価値が低くなってきた中高年で他社へ転職させられていることになります。日本の労働市場は、中小企業労働市場が全体の70％程度あり、この市場は常に人手が不足しています。新卒を中心に採用するなど潜在的に優秀な人材を多く採用している大企業労働市場で余剰が発生しており、中堅中小企業労働市場では人手が不足しているということになります。マクロ的に見れば、活躍の場がない大企業の余剰社員を人手が足りない中小企業労働市場に移動させるということになります。大企業も人件費の適正化が可能となり、中小企業も新たな人材の調達ができ、退職した社員も活躍の場が与えられるという観点から考えると、余剰した時点で流動化促進を行うほうが、合理的経営、人材の再配分という点で適切な施策と言えます。

大きな環境変化が継続して進行していくことが予想されている中で、企業の〝雇用責任〟は急速に大きく変化することになります。今後は全員を定年まで雇用するのではなく、必要な社員は長期雇用、必要でなくなった社員（活躍の場を提供できない社員）は、直ちに労働市場へ放出するということになります。必要でなくなった人材に対しては、転職しても中長期に収入が低下しないように、通常の退職金のほかに〝割増退職金〟の支給と再就職を支援することが必須となります。他社で活躍できるように最大限のサポートをするということです。

3　流動化の具体的施策イメージ

経営環境が変化するのと連動して、企業で必要な人材も変化することになります。そのため一度雇用した人材を定年まで雇用することを前提とすると、効率的、効果的な経営ができないことになります。今後の日本では人材の流動化施策を適時に実施する必要がありますが、具体的に実施する施策には下記のものがあります。

人材の流動化施策の実施の背景にある代表的なニーズは、５つあります。

①　業績不振

今後、経営環境変化や企業間競争に負けることにより、業績不振となった場合には、経営方針、計画を大幅に見直して、企業の再生を図らなくてはなりません。そのため新たな経営計画に対応した、人数・人員構成に早急に編成しなおす必要が発生します。このような再編成時には、企業全体の人員数も大きく変わる可能性もあり、また削減人員数も大規模化する可能性があります。そのため希望退職者募集のように一時的に大規模な人員削減、流動化施策を実施する必要があります。このニーズは今後徐々に増加していくことになるでしょう。

②　合理化、BPR

業務のシステム化、プロセスの見直し、AI・ロボティックなどにより、企業で必要な職種が変わったり、人数に変化が発生することになります。例えば、今まで人手で処理をしていた事務処理をシステム化することによって、担当していた事務職社員は必要なくなります。また人手による調理をロボット化した場合も同様です。地方支店の効率化を図るために、今まで1県に1支店あった拠点を、複数県で1つの支店に組み替えた場合には、特定地域の社員が余剰します。合理化の規模や範囲によりますが、このような合理化施策は、一部の職種や地域など限られた範囲で余剰人員が発生したり、逆に新たな職種の社員を採用する必要性が発生します。大規模であれば希望退職的な一時的な施策になりますが、小規模であれば、個別の社員に対する退職の勧奨を行うことになります。余剰人員を削減するのではなく、再教育して新たに必要な職種に転換をさせる企業も出てくるでしょう。このニーズは、どの企業でも頻繁に発生する定常的なニーズになります。

③　LP対策

実力、職務主義的人事制度が浸透すればするほど、このLPに対する流動化施策の重要性が高まります。今後企業では、優秀な社員の確保と定着、生産性向上のため、LPに対する処遇を厳しくすると同時に、雇用そのものの解消も強く志向することが予想されるからです。具体的には、毎回の評価結果をもとに、今後社内での魅力的なキャリアが描けない社員に対して、優遇した退職条件を提示して退職の勧奨を定期的に行う施策が定着するでしょう。

現在でも情報産業などでは、このような継続的退職勧奨施策を実施する企業が散見されます。これが他の業界も含めて一般的な施策になると予想されます。ただし、ＬＰに対して十分な教育提供や動機づけを与えるチャンスを行うことが前提となります。中にはＬＰの再生のための特別なプログラムを実施する企業もあります。

④ 管理職、高年齢社員対策

大手企業で管理職が余剰している企業が多く存在します。これは高年齢社員が多くなったこと、昇格の管理が合理的でないことに起因しますが、適正な人件費に是正すること、適正な人員構成にすることで活性化を維持することが強く求められる中では、管理職、中高年社員の適正人数化、流動化は避けて通れない問題です。

このニーズに対して、管理職や中高年社員の直接的な人数削減を行う企業も少なくありません。大手企業の多くで〝早期定年制〟などの自主的に退職する中高年社員に対しての優遇措置を行っています。この早期定年制は近年静かなブームですが、今後２０３０年まではこの施策はより強化され、多くの企業で実施することが予想されます。このような直接的削減とともに、管理職やベテランの中高年社員の再活用として、子会社、関係会社、取引先などへの出向、転籍なども重要な施策です。

⑤　M&A

今後日本では企業の合併吸収が加速度的に多くなると言われています。企業規模が大きくなることによって、規模メリットを享受したり、新たな商品・サービスの開発を促進することができます。合併吸収は、人事管理的には統合前の総人数に比較して少ない人数で運営することによって、生産性が向上することになります。同業種の企業が合併すると、必要人数は60～80％程度になるでしょうし、異なる業種の企業が合併すると、管理・間接部門は大幅に必要人員が少なくなります。合併吸収の最大のメリットは1人当たりの生産性が向上し、その結果、新たな投資が可能となるということです。また、異なる技術・サービス・文化の会社が統合することによって、新たな価値が生み出される可能性もあります。M&Aを行うことによって総人員を直ちに調整する必要が発生し、また新たな価値を創造するための組織的統合が必要となります。その必要に対処するためには、流動化施策の1つである希望退職などの大規模な実施が必須ということです。

上記のような雇用調整ニーズは多くの企業で同時に発生すると予想されています。このニーズに対応して流動化施策を適時実施していく必要があります。流動化施策を実施しないと、企業は経営目標・計画を達成するための必要戦力を保持できなくなるため、流動化施策は短サイクルであったり、継続的に実施されることになります。流動化施策の具体的な施策は、希望退職、退職勧奨、出向転籍促進、早期定年の4つとなります（**図表12－1**）。

図表12-1 雇用調整ニーズと施策

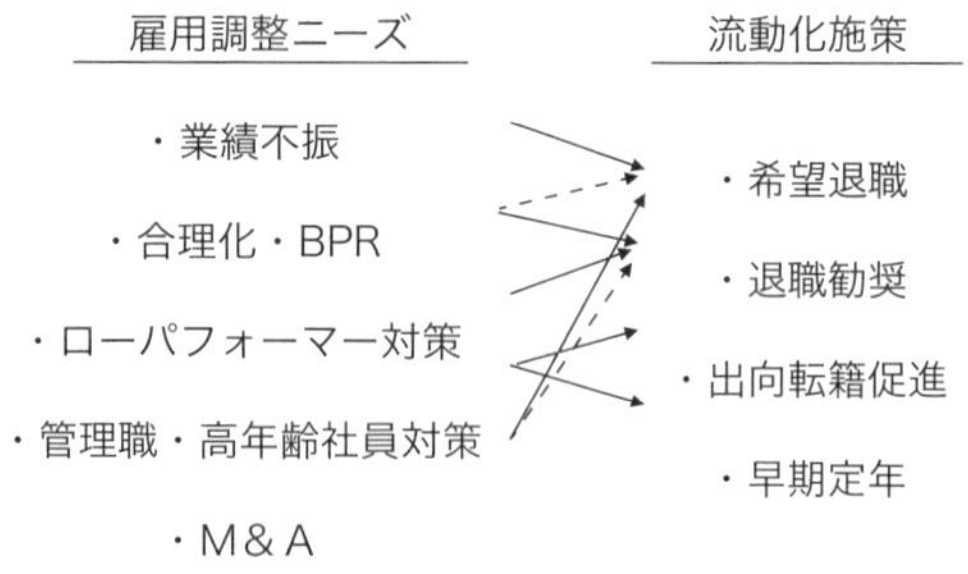

① 希望退職

大量の余剰人員が発生した場合に実施する施策。優遇した退職条件で退職者を募集する方法。業績不振、管理職・高年齢社員対策、Ｍ＆Ａ時などに一時的な調整のために行います。一時的に大規模な削減が可能なため、大きな環境変化に対応するためのダイナミックな施策ですが、失敗するリスクもあります。必要以上の人数が退職する、またその逆に削減人数が足りない、優秀な社員が流出するなどの失敗が発生すると、今後の経営に極めて甚大な影響があります。実力主義的な人事制度の導入、合理的な退職条件の設定など、希望退職の企画を数段緻密にする必要があります。

② 退職勧奨

退職勧奨は、希望退職と異なり個別の事由で余剰した社員に、個別に退職条件を提示して退職を勧める施策です。優遇した退職条件で退職を勧めることは法的には問題がなく、日本では外資系企業や中小企業、業種としては情報産業などで多用されている手法です。今後大手企業でも、継続して実施する極めて重要な施策となります。ＬＰ削減、合理化・システム化等による局所的な余剰人員発生に直接的に作用する重要施策ということです。人材の活性化、余剰人件費削減、合理化効果の獲得のために、定期的な退職勧奨実施は普通に行われるようになるでしょう。退職勧奨に対する感覚的な忌避感をなくし、ＬＰ対策として、評価と同期をとって実施することになります。法律、常識の範囲内での実施が必須となるため、退職条件については、対象者が退職することで不利になるようなことを避ける、合理的な条件提示が必要となります。

③　出向転籍促進

出向とは、現在の雇用関係を維持したまま、働き場所を他社に移すことです。現在の雇用条件はそのままにして、実際には他社で働くことになります。出向者を受け入れた企業は、人材を供給してもらう対価として、出向元企業に〝出向料〟を払うことになります。多くは出向者の人件費の50～80％程度の出向料となりますが、出向元企業では活躍の場を提供できない社員に、新たな活躍場所を提供できると同時に、１００％ではないにせよ人件費をセーブすることができます。

転籍とは、出向者が転籍先企業へ雇用契約を切り替えるものです。子会社、関係会社、取引先などで人材が不足している企業に対して、主に余剰管理職、ベテランの中高年社員を、退職を伴わないでキャリア転換を行うということになります。退職を伴わずに労働移動できるという点で対象者に配慮した手法であり、恒常的に人手が不足している中堅中小企業への人材供給手法として、重要な施策であるとともに多用されると想定されます。取引先や取引関係のない企業への出向や転籍促進も今後は多くなるでしょう。管理職、中高年社員の余剰が発生している企業では、積極的に子会社、関係会社、取引先などの出向先企業の開拓を進めることを検討する必要があります。

④ 早期定年

早期定年制とは、中高年社員の多い企業で、定年前の退職を促進する施策です。形態的には希望退職と酷似していますが、早期定年制はあくまでも、個人の多様なセカンドライフ、セカンドキャリアを支援するという目的で、優遇した退職条件に対して個人が自主的に退職を意思決定するものです。したがって退職人数の目標などは持たずに、個人の判断により退職者が決定します。退職条件も希望退職に比較して低いのが一般的です。近年では大手企業を中心として、早期定年制は多用されており、一般的な施策となっています。早期定年制は、社員が自己判断で退職を決定するもので、取り組みやすい施策である反面、計画的に人数を削減できないこと、また優秀な社員が退職する可能性があります。今後は早期定年制は現状と同様、中高年社員が多い企業のベースとなる流動化施策と位置づけられますが、①〜③の施策が中心的な施策となり、補助的施策と位置づけられることになるでしょう。

4 流動化施策の運用イメージ

経営環境変化とともに流動化施策を適時実施する必要がありますが、多くの日本企業では雇用調整

図表12-2 雇用施策計画例

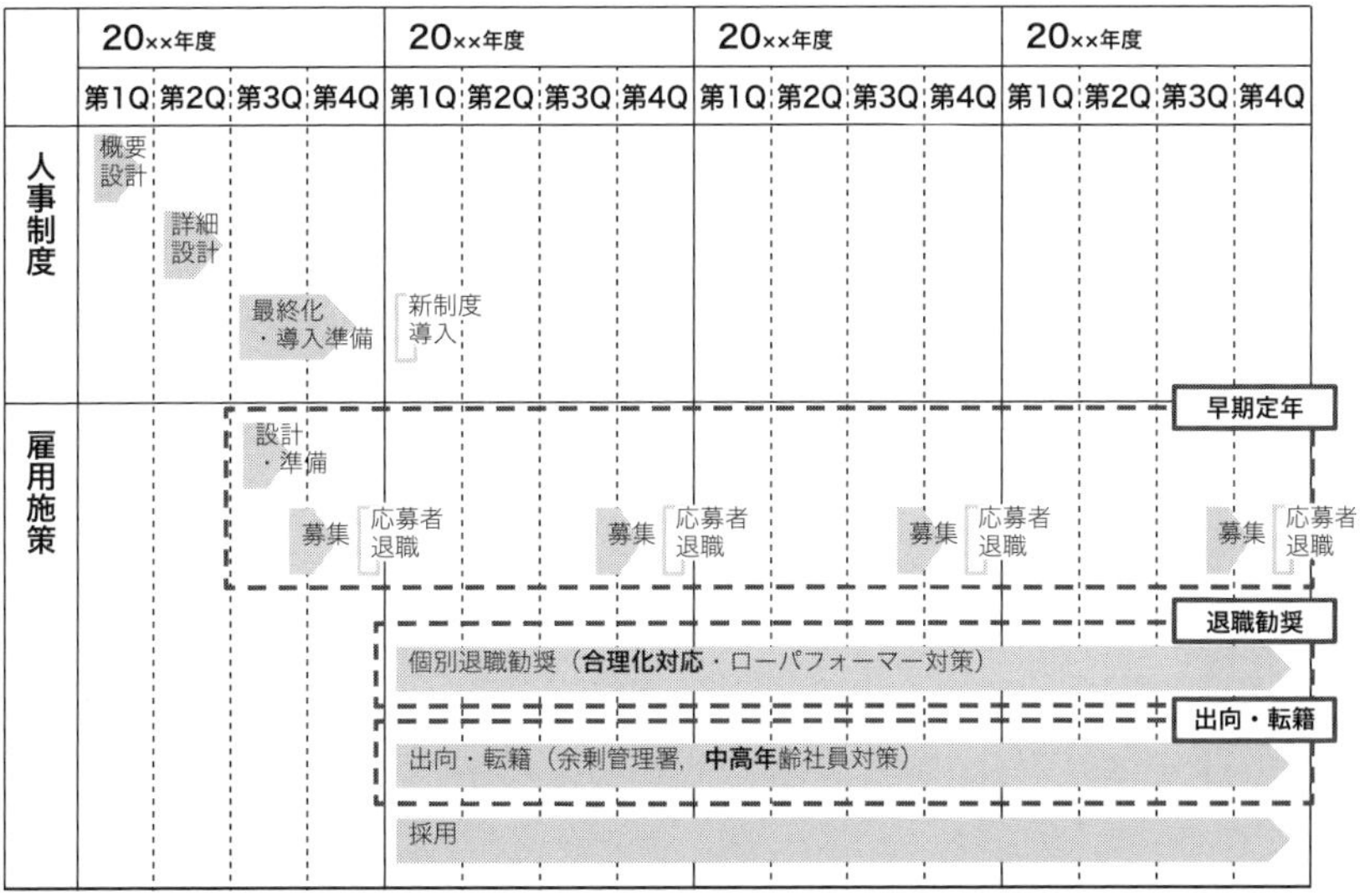

ニーズが同時に発生しているため、様々な手段を組み合わせて実施することが望ましいと考えられます。今後、人事制度を実力主義的制度に改定する企業では、管理職、中高年社員の余剰対策、LP対策を実施しなくてはなりませんが、一時期に多くの社員が退職すると、必要人員数が維持されなくなる可能性が高いため、数年（3年から7年程度）の中長期にわたり、人員削減施策を実施することになります。また人員削減を段階的、継続的に実施するのと並行して、若手社員の補充も行うこととなります。現在50代の社員が多く、40、30代の社員が少ない企業では、中長期で50代の社員を削減し、不足している40、30代社員を補充するということになります。このような〝入れ替え〟施策が大手企業を中心に実施されることになるでしょう。この間に経営環境が大幅に変化したり、ビジネスモデルが大きく変化した時には、希望退職により

一気に人員数、人員構成を改革することも必要となります。社員の高齢化が進行している企業は、上記のような施策を実施しないと、数年後には高齢化により人材の新陳代謝、社内の活性化が損なわれ、活力が低下し、業績低下となる恐れがあります。また高齢化による人件費増により、利益も圧迫されることになるでしょう。今から5年後には、再雇用社員が激増するとともに、コアノウハウ、企業文化の継承者たる中堅社員の不足が発生し始めます。以降は高齢化による戦力ダウン、人件費増加、継続的発展の阻害が深刻となり、業績を維持することが困難となります。そのためにも計画的でダイナミックな人事制度改定と流動化施策の実施が必要になります（**図表12－2**）。

第13章

10年後の働き方

1　場所や時間に縛られない働き方

これまでに見てきたように、人口減少・少子高齢化に伴う労働力の減少、雇用構造の変化、また、テクノロジーの革新など、今後日本企業を取り巻く環境は劇的に変化していきます。この変化に合わせ、働き方そのものも変化していきます。わかりやすく大きく変わるのは、「場所・空間」と「時間」です。

まず、「場所・空間」に関してはすでに大きな変化が始まっています。新型コロナウイルスの感染拡大により、企業のリモートワークの導入が進んでいます。東京都がリモートワークの導入について都内の394社に調査したところ、2020年3月：24％→2020年4月：62・7％と、導入率が大幅に上昇しています。また、月に何日リモートワークをしているか、という運用率についても、2020年3月：4・2日→2020年4月：12・2日と向上しています。

リモートワークの導入については、かなり以前から国の政策や自治体のアクションプランにおいて、大きなテーマとして取り上げられていましたが、新型コロナウイルスの感染拡大という全く予期していなかった外圧によって、ついに企業も本格的な導入に踏み切ったと見るべきでしょう。

これまで、オフィスや店舗、工場など特定の場所に集まって、働くスタイルが当然のものと考えられていましたが、リモートワークが企業へ浸透することによって、私たちの仕事環境から「職場」という場所の制約が徐々になくなりつつあります。企業も高い賃料を支払ってオフィスを構える必要がなくなり、固定費が削減可能となることから、今後この流れはさらに加速していくことになるでしょう。

リモートワークには、通勤を伴わないことで自身や家族との時間を確保できるようになり、ワークライフバランスを実現しやすくなること、自身の空間で作業に集中できるといったメリットがある一方で、社内コミュニケーションや人材育成、業務の管理や仕事の評価の難しさといった問題点もあります。今後、企業のリモートワーク活用の推進がますます拡大していく以上、企業はこれらの問題点を解決し、リモートワークが前提の働き方を実現していかなければなりません。そのためには、

- 対面を前提としないコミュニケーションスキル
- 業務を成果・職務で管理
- 社員の自律的な思考

が求められます。

まず、コミュニケーションに関しては、WEB会議の場合を例に挙げてみましょう。WEB会議は、相手の表情や態度がわかりにくく、また、同時発言がしにくいという制約のため、直接対面の会議と比較して情報量が少なく、発言やアウトプットにより高い品質が求められます。WEB会議の場合は、抽象的な概念を共有する手段が限定されるためよりハイコンテキスト（高い次元での認識の共有を前提とする）なコミュニケーションが求められます。会議の機能は、意思決定、情報の交換、情報の伝達の3つがあると言われますが、このうちの意思決定を行うのは、直接対面の会議以上のコミュニケーションスキルが必要となります。

次に、成果・職務による管理についてですが、従来の日本型の職能制度の人事評価においては、能力・行動評価が中心でした。上司が日常的に部下を観察できているということを前提に、部下の期中の職務行動を観察してそのプロセスを評価する、というものです。しかし、リモートワーク環境下においては、そのプロセスを観察することができないため、職務・成果物自体や成果指標に対する達成度で評価しなければなりません。それは、すなわち仕事における「時間」という概念が希薄になることを意味しています。純粋に、企業の活動に対してどのような貢献をしたかその実績値で評価する、ということになるのです。

そこで、「では、成果・職務型の人事評価へ移行しましょう」と言うのは簡単ですが、実際はそうたやすくありません。成果・職務型の人事評価に移行するには職務定義書の作成や成果指標の合意など評価基準の具体化・オープン化が求められ、その基準に対する社内での喧々諤々の議論が待っています。これまで、抽象的なプロセスへの評価基準を上司の行動観察の担保のもとに運用してきた多くの日本の企業では、新しい評価制度へシフトするためには、ドラスティックな価値観の変化が求められるのです。

また、社員の仕事に対する意識改革も重要なテーマです。業務のプロセスが見えず、部下のマイクロマネジメントができなくなるため、方針に基づき自律的に考え成果を出す人材が評価されることになります。会社の方針に合わせて個々人が自律的に業務を遂行するという組織は、リモートワークとの相性が良く、一方、上意下達の組織はあまり良くないと言えます。仕事の目的を的確に捉え、自分自身で業務を計画・遂行し、さらに自らのスキル伸長計画をも設計できるような自律的な人材が求められており、リモートワークを前提とした環境下でプロフェッショナルとしての意識を醸成させることが人材育成の鍵となるのです。

2　情報セキュリティの重要性が増大

オフィスの外で仕事を行うというと、かつては、必要な情報が参照できない、情報が外部に漏洩する恐れがある、などと考えられていましたが、インターネットの高速化や情報セキュリティ技術の発展によって、こうした問題も障害ではなくなってきています。実際に、世界中の企業ですでにリモートワークが実施されているわけですから、リモートワークを前提とした働き方にマッチした情報セキュリティ対策をしっかり行っていくことが、企業価値を高め経営戦略を実現していくために重要な要因となるのです。情報セキュリティ対策は、予期せぬ脅威から組織を守るためのビジネスリスクへの対応という側面と、企業価値の向上を図り、ビジネスチャンスへの対応という、脅威とビジネスチャンスに対応していくための二重の投資、とも言われます。変化の激しい領域であるため、常に最新の情報をキャッチアップし、自社の対策を見直し続けていかなければなりません。

情報セキュリティ対策の基本は、保護すべき情報資産の洗い出し、脅威・脆弱性の把握、そして、情報の重要度に応じた対策です。また、その対策では、「ルール」「技術」「人」の3つのバランスをとることが重要です。

「ルール」については、これまでのように、オフィスだけで業務を行うことを前提としたルールでは対応できません。新たなルールを策定し、周知徹底することで、全員が業務上で発生する問題に対して、同じ対応ができるようになります。もしルールがなかったら、人によって異なる判断をする恐れがあります。「ルール」というと堅苦しいイメージがあるかもしれませんが、全員が同じレベルで対応できる、ということを実現するために極めて重要なものなのです。

「技術」は、ルールで対応できない部分を補完するものと考えるべきでしょう。技術的なセキュリティ対策は、「認証」「検知」「制御」「防御」を自動的に実施するもので、自社の働き方の環境に合わせた対策を講じなければなりません。すべてにおいて高いセキュリティレベルを実現するためには、非常に高額な費用が必要となり、現実的ではない場合があります。前述したように、情報資産の洗い出し、脅威と脆弱性を把握して事故発生のリスクを評価するリスク分析を行い、それぞれのリスクを評価し、重要度に応じた対策をバランスよく行うことが重要です。

最後に「人」についてですが、実はこの「人」についての対策が最も難しく、いくら新しいルールや技術を導入しても、実際に業務を行うのが人である以上、ルールを守るかどうかはその人次第、となってしまっては、全く意味がありません。特にリモートワーク環境下においては、上司がすべての業務のプロセスを監視することは現実的に難しいため、ルールを遵守することが、会社のためだけでなく、自らにとってもメリットになることを認識させるため、教育やトレーニングを通じて社員のセキュリティ意識を高めていく必要があるのです。

情報セキュリティ対策には、全体のうち最も弱いところが全体のセキュリティレベルになる、という特徴があります。いくら厳しいルールや高価な製品・サービスを導入しようとも、それを遵守できない、正しく扱えない社員が1人でもいれば、それがその組織のセキュリティレベルとなってしまうものなのです。

3　10年後、仕事はこうなる

テクノロジーの進化、人口減少、ライフスタイルの変化は、日本の社会・経済に劇的な変化をもたらすことは間違いありません。人口減少、少子高齢化に伴う国内経済の衰退といった、様々な問題・課題に対応するため、企業人事も大変革が求められることとなります。

では、日本企業における仕事の仕方はどう変わっていくでしょうか？　これまでの論点を整理すると**図表13-1**のようになります。

企業の効率的な働き方の追求は、テクノロジーの進化、新型コロナウイルスの感染拡大により、リモートワークが本格的な導入フェーズ期に入り、場所や時間にとらわれない働き方が実現しつつあります。

また、働き手と企業の関係に着目すると、高度な技術やスキルを有した人材が、副業や兼業により複数の企業でその能力を発揮するようになることが予想されます。雇用の面では、これまでのメンバーシップ型雇用から、ジョブ型雇用へのシフトに加え、フリーランス人材との業務委託により、不足する労働力に対応していくことになるでしょう。特定の企業に〝就社〟するのではなく、文字どおり、職に就く〝就職〟が実現することになるのです。

図表13-1 働き方の変化

	2020年の働き方	2030年の働き方	変化のポイント	企業が準備すべきこと
場所	オフィスや店舗、工場など、特定の物理的な空間（職場）で働く。	職場に限定されず、自宅、シェアオフィス、コワーキングスペースなど、リモートワークが主たる働き方となる。	異なる場所にいても、ネット経由でコミュニケーション・共同作業が可能となる。 工場や店舗など、作業が必要な職場は、AI、ロボットの導入が進み人手の必要性は大きく減少する 働く場を個人の意思で選択できるようになり、"職場"という概念が希薄になる	リモートワークを前提としたコミュニケーションツールの整備 ・オンラインミーティング ・ビジネスチャット ・クラウドストレージの活用 個人の働くスペースの整備 ・IT、ネットワーク環境の整備、シェアオフィスやコワーキングスペース利用の補助
時間	就業時間に従って勤務	個人が働く時間を選択	効率よく仕事ができる時間を個人が選択するようになる。 そのため、リモートワーク時の勤務状況の把握が困難となる。	時間管理から、成果管理へ移行
セキュリティ	業務データは物理的な場所（職場）、論理的な空間（社内ネットワークなど）に限定されている。	職場やネットワークが限定されない環境で、業務データを扱う。 個人で行う情報セキュリティ対策	情報の取り扱いをオフィスや社内ネットワークといった物理的、論理的空間に限定することができなくなる。 企業が中心的に行ってきた情報セキュリティ対策だけでは不十分。 自宅やコワーキングスペースが不正アクセスの標的となる。	情報セキュリティの徹底、新しいリスクへの対応 個人の働くスペースに対するセキュリティ要件を定義し、徹底させる。
所属	1企業に所属するのが一般的	兼業・副業	場所、時間にとらわれない働き方。 仕事を掛け持ちする"複業"が一般的に	就社から就職へ。 兼業・副業解禁に向けた社内制度の構築
雇用	メンバーシップ型雇用 直接雇用 終身雇用	ジョブ型・タスク型雇用 業務委託・フリーランス	生産年齢人口の減少により、女性、高齢者、外国人労働者の労働市場への参入が活発化。 フリーランス・兼業・副業が飛躍的に増加する。	女性活躍推進、高齢者雇用、外国人労働者を活用を進めるための制度を構築する。
評価	職能資格制度 人（上司）が評価	成果主義 周囲全体からの評価（360度評価） AIによる評価	企業が求める人材要件の定義・体系化が進む⇒ジョブディスクリプションに基づく評価。 人が人を評価する時代が終わり、AIが人を評価する時代に。	人材データベースの構築 HRテクノロジーの活用推進
報酬	年功的な処遇 職能給	成果に対する適正な処遇 職務給	市場連動性を高めた、成果・能力型の報酬体系	賃金制度の改訂 労働力の確保のため、社員処遇のコントロールが重要となる（内部留保から社員に対する適正な配分へ）。
教育	企業が主体となって、企業戦略の実現に必要な人材を育成する。 集合型研修	個人の自主性が重要になる。 企業の教育は専門性の追求に特化していく。 オンライン研修	ビジネス共通知識・スキルは、個人が主体的に学習するものになる。 企業の実施する教育施策は専門性を向上させるものに特化していき、オンラインでの学習が中心となる。	教育体系・教育計画の改訂

評価や報酬についても、明確さ、透明性が要求されるようになることから、企業が求める人材要件の定義・体系化が進むでしょう。年功的な処遇から、市場との連動性を高めた成果・職務型の報酬体系が中心となり、その評価の仕方も今以上にテクノロジーを活用したものとなるはずです。人材データベースの構築やＨＲテクノロジーの進化により、もしかすると、人が人を評価するというのは時代遅れとなり、ＡＩが人を評価するという時代になっている可能性も十分あり得ます。

このような変化は、今まで以上に、働き手に対して自主性を強く求めることとなります。個人が成功するためには、自らが明確にキャリアをデザインし、計画的に知識・スキルを習得していくという能動的な取組みが必要不可欠となるのです。従来の、企業が主体となって行う人材育成施策から、個人が自ら主体的に学習プログラムを選択し、専門性を追求するものとなっていくでしょう。

このような働き方の変化は、働き手の利便性や、満足度を向上させるためだけのものではありません。企業にとっては、優秀な労働力を確保するための選択肢が増える、ということでもあります。今までのような、日本型〇〇といった画一的な組織構造、制度、働き方を継続するということは、優秀な人材確保の手段を自ら狭めてしまうことになります。これからの10年間、企業人事は、過去に例のない大変革を強いられることになります。劇的な経営環境変化の中においても、企業が存続し続け、さらには安定した成長を実現していくためには、これらの働き方を実現するための準備を迅速に進めていくことが最重要課題なのです。

第14章

健康経営とは

1　健康経営の重要性

今後の日本社会は、２０３０年には日本は超高齢社会に突入し、日本国民の３分の１が65歳以上になり、働く世代と老齢人口が同じくらいの割合になると予想されています。それは企業経営を取り巻く環境にまで影響を及ぼしますが、特に高齢者が70歳でも働かなくてはならないくらいまで、若い世代の働き手が急激に減少するという労働人口動態の変化が、大きく経済界に影を落とすことになります。

この大きな変化の流れの中で、どのように経済活動を維持・発展させていくのか？　これが、今日本が直面している課題の１つです。高齢になっても働き続けることができるシステムを今から作っていくこと、また、今働いている世代の方々の健康をどのように維持していくのかを真剣に考えなければなりません。

そこで、今注目されている健康経営ですが、これは「企業が従業員の心身の健康に配慮することによって、経営面において大きな成果が期待できる」との基盤に立って、健康管理を経営的視点から考え、戦略的に実践することを意味しています。従業員の健康づくりの推進、健康管理は、単に医療費という経費の節減のみならず、生産性の向上、従業員の創造性の向上、企業イメージの向上等の効果が得られ、かつ企業におけるリスクマネジメントとしても重要です。

従業員の健康管理者はすなわち経営者であり、その指導力のもと、健康管理を組織戦略として展開することがこれからの企業経営にとってますます重要になり、必要不可欠なものになると考えます。

この健康経営が必要な理由としての1つに、健康保険組合の赤字が企業の財政を圧迫しているという背景もあります。この赤字額が多くなってきた場合は、企業が本来給料や賞与配分に充てるべき人件費を保険料引き上げ負担分に使わざるを得ません。どんなに売上や利益を上げても、健康を損なう従業員が多ければ医療費を負担することが多くなってしまいます。体だけでなく心身が病んでいる従業員が多くなれば、生産性もモチベーションも上がりません。いわゆる不健康経営に陥った会社は、離職率も高くなり、企業イメージも損なわれるのです。

現代はストレスを感じながら仕事をしている人も多く、長期休業する従業員や残念ながら自殺に至ってしまうケースも多いと感じます。社内で長期休業者が出ると、その分を周りの従業員が補完しなくてはいけないため、周囲に負担がかかり、全体の生産性も下がるのです。

また、離職率が高いと採用費が嵩み、採用者への社内教育のために人件費も嵩みます。

全従業員が万全の体調で勤務できる環境を整えることは、日本企業にとって欠かせない投資と言えるでしょう。何より健康経営が評価されると会社のイメージアップにつながり、採用力をつけることができ、株価も上がり会社の価値も高くなるのです。

2　健康経営のメリット

健康経営には、様々なメリットがありますが、導入するには、会社にも従業員にもそれぞれメリットがなければなりません。

体調を崩す従業員が多いと病院へ通う従業員が増えるため、会社が負担する医療費が増えてしまいます。健康経営を導入することで、この医療費が削減できるため、会社にとって医療費削減のメリットがあると言えます。なんとなく覇気のない従業員が多い会社と、元気で生き生きと働く従業員が多い会社とでは、生産性が高い会社は、明らかに後者のほうでしょう。健康経営により従業員のコンディションが良くなると、従業員の欠勤率や長期休業者の低下が期待できます。健康な従業員が増えることは、会社にとって、労働生産性が向上するメリットもあるのです。

経済産業省が健康経営に取り組む優良な法人を表彰する制度、「健康経営優良法人」があります。「健康経営優良法人」が認定されれば、従業員の健康維持・増進を経営的な視点で戦略的に取り組んでいる法人として社会的な評価を受けることが期待できます。認定企業であることを社内外に発信すれば、就活生などの求職者から評価され、人材の獲得や定着につながるメリットがあります。また、取引先や株主からの評価が高くなれば、将来的な株価上昇などのメリットも期待でき、社会的なブランドイメージの向上につながるのです。

健康経営の普及や促進を目的に、政府系金融機関を筆頭に、「健康経営格付」を融資に取り入れている金融機関もあります。健康経営の取組みに応じて融資条件を設定するものであり、融資の実行後は健康経営に取り組む企業であることを対外的に発信できるメリットがあります。

また、健康経営には、従業員の健康管理のみならず、オフィスの環境整備など、健全な労働環境の整備も含まれています。心身に負担をかけて働かなければならない職場環境ではなく、適宜リラックスやリフレッシュができる職場環境で、生き生きと活力を持って働けることが従業員にとってのメリットになります。従業員がなんとなく疲弊していて、長期休業者や離職者が多い、というような会社では、モチベーションを維持して働くことは難しいでしょう。健康経営を導入し、従業員が生き生きと働いている会社であれば、個々の従業員のモチベーションアップにつながり誇りを持って働くことができます。活力を持って働くことができれば、個々の従業員のパフォーマンス向上が期待できるという、企業側のメリットもあります。

また、健康経営を導入することで、従業員が健康について意識する機会が増えます。健康に対する正しい知識が増えれば、食生活や生活習慣の改善につながり、生活習慣病などの予防・改善につながるというメリットが期待できます。

では、どのような状態の企業が、健康経営を取り入れるメリットが大きいか考えてみましょう。まず、最もメリットが大きいのは、従業員の健康状態が企業活動の根幹につながる業態です。わかりやすい例でいうと、飛行機・電車・トラック・バス・タクシーなど、乗務員や運行管理者の健康状態が「安全」に直結する運輸業などは、健康経営を目指すメリットが大きい業態の代表と言えるでしょう。従業員の健康状態が悪化すると、判断ミス・行動のミスにつながり、最悪の場合は健康に起因する重大事故につながりかねず、健康経営の実践は待ったなしとされています。有名な労働災害に関する経験則で、1つの重大事故の背後には29の軽微な事故があり、その背景には300の異常が存在するという「ハインリッヒの法則」があります。もし、小さな異常が続くようであれば、健康経営に取り組むメリットは大きいでしょう。

次に、健康状態の悪化を原因とする追加のコストが大きい企業も、健康経営を目指すメリットが大きいと言えます。

従業員が体調不良を訴えて遅刻・早退を繰り返す、欠勤が増えてきた、などの兆候があれば、健康経営を検討する必要があります。そのまま放置しておけば、長期欠勤、いずれは退職などにつながる可能性があります。さらに職場に残された従業員の負担が増え、離職率が高まれば、職員補充のための人材採用費用もかかります。健康状態の悪化によってそのような費用が過剰に企業の負担になっている場合は、健康経営を導入するメリットが大きいでしょう。

最後に、健康経営を取り入れるメリットが大きい企業のもう1つの状態は、従業員の労働環境に対する満足度が低いということでしょう。従業員が自社で働いていることに幸せを感じているでしょうか？　もし、その答えが「いいえ」であれば、その要因として、不本意な残業や休日出勤が多かったり、有給が取得できなかったりして、ワークライフバランスが乱れていることが背景にあるかもしれません。

また、「社会の健康を支える」ことを企業理念に置く企業も健康経営に取り組むメリットがあると言えるでしょう。自社の企業理念に反して従業員が不健康であれば、従業員からの信頼はなくなり、社会が持つ企業イメージも悪化するかもしれません。

上記のような状態があれば、健康経営を導入するメリットが大きいので、取り組むべきでしょう。取組みのメリットを感じ、健康経営を実現させたい場合、具体的にはどのような施策を実施すればよいのでしょうか。

図表14-1　健康経営優良法人2020

2020
健康経営銘柄
Health and Productivity

出典：経済産業省ホームページ

3　健康経営銘柄

経済産業省と東京証券取引所では、健康経営に係る各種顕彰制度として、平成26年度から「健康経営銘柄」の選定を行っており、平成28年度には「健康経営優良法人認定制度」を創設しました。

「健康経営銘柄」は、優良な健康経営に取り組む法人を「見える化」することで、従業員や求職者、関係企業や金融機関などから「従業員の健康管理を経営的な視点で考え、戦略的に取り組んでいる企業」として社会的に評価を受けることができる環境を整備するものです。官民一体となって健康経営を行う企業を応援する仕組みが構築されてきました。6回目となる「健康経営銘柄２０２０」では、30業種40社が選定されました。

また、「健康経営優良法人認定制度」は、健康経営に取り組む企業等の「見える化」をさらに進めるため、上場企業に限らず、非上場の企業や医療法人等の法人も対象に含めて

「健康経営優良法人」として認定する制度です（**図表14－1**）。これは経済産業省が制度設計を行い、日本健康会議（※）が認定しています。4回目の認定となる「健康経営優良法人2020」では、大規模法人部門（上位500法人を「ホワイト500」とする）に1476法人が、中小規模法人部門には4816法人が認定されています。（令和2年7月1日現在）

（※）「日本健康会議」とは、少子高齢化が急速に進展する日本において、国民1人ひとりの健康寿命延伸と適正な医療について、民間組織が連携し行政の全面的な支援のもと実効的な活動を行うために組織された活動体です。

経済団体、医療団体、保険者などの民間組織や自治体が連携し、職場、地域で具体的な対応策を実現していくことを目的としています。

健康経営は、社会的な背景からも、昨今ますます重要度が増してきています。従業員を大切にする姿勢や働きやすい環境づくりは、経営者にとって疎かにできない課題と言えるでしょう。何も対策をとらないままでいると、休職コストの増加、人材流出リスクの増加、採用コストの増加、レピュテーションリスクが高まるなど、多大な企業損失にもつながりかねません。

企業が健康経営に取り組むことは、従業員が健康で働くために大切なことであると同時に、従業員の不調を改善することも期待できます。従業員の健康増進は、生産性向上や企業ブランドのイメージ向上など、会社にとって中長期的なメリットが多くあります。

実際に具体的な取組み内容を掲げ実践することで成果が期待できますし、従業員の満足に対する評価指標を設定し環境を整えることで、より取り組みやすくなるのではないでしょうか。

一方、健康経営を進めていく上で気になるのが管理コストですが、これは経済産業省が提唱するように、企業は「健康経営」にかかる費用をコストではなく「投資」と捉え、長期的な視野に立って継続していくことが重要なのです。

経済産業省と東京証券取引所が、東京証券取引所に上場している企業の中から取組みが特に優れた企業として選定している「健康経営銘柄」の要件を参考に、取組み内容について下記に例を挙げます。まずは、従業員への健康意識の改革に関する取組みです。

- 企業からの健康宣言を社内外に広く発信する
- 経営層が健康づくりの責任者となり、企業全体で健康経営に取り組む体制を構築する
- 従業員へ浸透させるために、健康セミナーや推進会議、個人面談を実施して、意識を高める
- 健診受診推奨の取組みを積極的に行うだけではなく、その結果を振り返り、本人とともに健康増進のための解決策や働き方の改善方法を検討する
- オフィス内には受動喫煙防止のための分煙・禁煙を啓発するポスターや、食生活の改善に関するポスターを従業員食堂や売店付近に設置するなど、健康増進のメリットを伝える間接的な施策を実施する

健康経営を推進していく上で、ワークライフバランスとメンタルヘルスの2つも忘れてはいけません。

まず、ワークライフバランスですが、これは仕事と生活の調和のことを指します。仕事と生活は相反するものではなく、互いに相乗効果をもたらし合う適正なバランスを個人のライフステージに合わせて調整していくことが重要です。健康維持のために運動の機会を増やしたい、メンタルヘルスの維

持のためにリフレッシュの余暇時間が欲しいと思っていても、働き方が改善されなければそのような時間を確保することが難しいでしょう。そのためには、残業時間を削減する長時間労働の抑制や、多様な働き方を認め在宅勤務、フレックス制度（出社時間の始業・就業時間を自由に決定できる仕組み）を取り入れるなど、働き方改革を進める必要があります。ワークライフバランスが整うことは、企業にとっても従業員にとっても、大きなメリットがあります。ワークライフバランスを整えるための様々な福利厚生も登場しており、そのようなサービスを活用すれば、健康増進になるとともに、従業員満足度向上のメリットもあります。

次にメンタルヘルスですが、これは心の健康状態のことです。厚生労働省が実施した「平成30年労働安全衛生調査（実態調査）」によれば、事業所規模が50人以上の事業所にメンタルヘルス不調により連続1か月以上休業した労働者がいる割合は26％です。つまり、約4社に1社はメンタルヘルスに起因した休業者がいるということになります。メンタルヘルス不調は周囲から見えにくく、実際にはさらに数値が高い可能性があるので、企業にとって健康経営に取り組むことはメリットの大きい選択であると言えるでしょう。

具体的な施策の流れとしては下記のようなものがあります。

- 職場のストレスチェックテストなどを活用し、メンタルヘルス不調の未然防止に取り組む
- 不調を早期に発見し、有効な打ち手につなげる
- もしメンタル不調によって休業した従業員がいれば、復職に向けてサポートを行う

上記の施策を行うために、組織的なフォロー体制を構築し、会社全体でメンタルヘルスを良い状態に保つ健康経営を実践するのがよいでしょう。

株式会社ローソンは、経営トップが自ら率先して全社を挙げた健康経営に取り組んでいます。健康経営優良法人２０２０大規模法人部門（ホワイト５００）」に、４年連続で認定されました。

その施策は健康診断の奨励からはじめ、

- ２０１５年からローソンヘルスケアポイントの開始
- 健康90日チャレンジ実施
- ロカボチャレンジ（一般社団法人 食・楽・健康協会が推奨する、１食当たりの糖質量を20～40ｇに制限する食べ方）
- 男性従業員の育児休暇取得促進

等々多岐にわたります。

ローソンの施策が成功した秘訣は、

- 代表自らが率先して取り組んでいる点
- 健康診断を受診しないと本人、および上司の賞与カット、ペナルティを設定した点
- ヘルスケアポイント付与で従業員のやる気を高めた点

が挙げられます。

健康経営は、今後予測されている人手不足や働き方の多様化が進む上で必要不可欠な施策と言われています。少子高齢化が進む中、人材確保のために企業ができる対策として、幅広い人材が仕事に就ける多様な働き方を提案し、従業員へ健康投資を行うことが挙げられます。

1人でも多くの人に「この会社で働きたい」と思ってもらうことで、人材確保や離職を防ぐ効果が期待できます。従業員の健康に配慮することは、働き方改革のテーマでもある「生産性向上」にもつながり、企業のイメージ向上や人員確保にも大きなメリットがあります。

まずは、自社の従業員がどのような問題を抱えているのか、健康課題を把握して、手軽に導入できる施策から始めてみる、それが健康経営への第一歩ではないでしょうか。

第15章

人事の運用

1　経営と整合しない人事運用の実態

今後、雇用区分や職種などは大きく変わり、様々な人材を管理しなければならなくなります。それに伴い、合理的な報酬を設計し、適切に評価、教育・育成していくことで、人材のパフォーマンスを最大化していくことが人事に求められています。

今までの人事部門の業務といえば、採用や教育、労務管理、給与管理などの日常的なオペレーションが主であり、コンプライアンスの遵守を前提に、従業員にとって「働きやすい環境」を提供してきました。一律の人材管理の中で、業務のオペレーションなどにおいては、システムの導入や運用が進み、効率性は向上しました。

一方で、経営戦略との関係性が曖昧なまま、人事業務に取り組まれていることが多く、短期的な視点での施策になっていることが課題でした。部門ごとの機能が縦割りとなり、相互の機能連携が十分ではありませんでした。そして部門ごとの機能を優先するばかり、経営視点に立ち、より長期的な観点で、適切に人事が機能してきたとは言い難いのが現状です。

例えば、採用や教育などは景気に左右されやすく、短期的な収益増減から大きく影響を受けます。人事部門におけるコスト調整も必要なことかと思いますが、中長期的な視点からすると、一時的な採用の抑制によって年齢構成のゆがみが生じ、世代間の技術継承などを停滞させ、組織の継続的な発展が促進されないなどの事態を招きます。人口動態の変化影響が、人員構成にダイレクトに影響している企業も多いです。バブル期の大量採用の時代から、就職氷河期の時代へと遷移した結果、今後事業を担っていく30代の人材層が構造上少ない企業が多く存在します。また定期昇給や昇格、昇進についても、年功的な運用が繰り返されることで、いつの間にか利益を圧迫する大きな要因となってしまっていることもあります。

大切なことは軌道修正となりますが、しばらくその問題が顕在化しないと、その問題の解決に向けた取組みには着手がなされない傾向にあります。昨今、業績が好調時に雇用調整を行う企業が多くなってきています。このような会社は、まさに長期的な視点に立って人事の改革に着手している点で、経営により連動した人事運用がなされている一例かと思われます。ただ、そういった企業はまだ多くなく、逆に問題が起きることを予測できているにもかかわらず、解決の優先度を下げ、リスクを許容することで、問題を先送りしている企業も多く見られます。結果的に、経営環境が悪化した時には手遅れ、といった事態にもなりかねません。

２０３０年を見据えると、外部環境が急激に変わっていく中で、長期的な視点に立って、人材育成などの必要な取組みをしてく一方で、短期的には、めまぐるしく変わる経営戦略に対して柔軟に対応、連動させていくことも人事の難しい課題となります。

また、ＡＩやＩｏＴなど新しい技術が我々の社会に浸透し、生活を変えていくデジタルトランスフォーメーション（以下「ＤＸ」）が、企業のビジネスモデルや社員の働き方に大きな影響を与えていくことも見逃せません。経済産業省の定義では、「企業がビジネス環境の激しい変化に対応し、データとデジタル技術を活用して、顧客や社会のニーズを基に、製品やサービス、ビジネスモデルを

図表15-1　現在と今後の人事機能

人事機能	現在	これから
人事と経営の連動性	経営との連動を意識しつつも、将来に向けて人事の戦略や機能の見直しへの着手は不十分	経営や事業と人事との連動を強め、人事の戦略や機能の見直しを実施する
人事内の連携	部門間の連携が弱く、各機能の推進が優先されがち	モニタリング指標に基づき、経営視点に立った部門間の連携の強化が求められる
人事のモニタリング	定点観測は実施しているものの、その結果の活用が不十分	新たなKPIに基づき定点観測を実施し、結果をオープンにして、意思決定への活用を強化する

変革するとともに、業務そのものや、組織、プロセス、企業文化・風土を変革し、競争上の優位性を確立すること」とされており、データやデジタル技術を活用して優位性を確立できるかが今後の企業業績を分けるとも言われています。この技術の進展に伴い、我々の仕事の「質」や「意識」に変化がもたらされます。AIやRPAが代替することで余った労働時間を、より人間でしかできない仕事に注力していくことで付加価値を生むことができているか、また社員が企業に貢献していくために「やりがい」を持って働ける文化や風土が醸成できているかは大変重要なテーマになってきます（図表15-1）。

2　ポートフォリオとパフォーマンスの管理

経営にとって重要な資源は何かという問いに、「人材」を挙げる経営者はとても多いです。今後は、その人材が経営に貢献していることを立証していくことが求められます。今までは日本は浮き沈みはあったものの、人口増加を背景に高度成長を遂げてきました。技術もめまぐるしく進化し、生産性が高まったことも間違いないでしょう。一方で、人材がその成長にどのくらい寄与してきたかは未知数な面があります。国内市場は頭打ちとなり、競争環境はより厳しくなります。それはグローバル企業にとってもしかりです。

今後は「人材」という資源が経営にダイレクトに貢献、寄与していかなければ生き残っていけません。テクノロジーが進化し、人が機械に置き換えられても、機械を選定し、使うのは「人材」であることに変わりはありません。「人材」に求める要件が大きく変化はしますが、「人材」が経営に与える影響も大きくなるはずです。具体的には、経営計画と人事管理は極めて強く連動し、人材という資源がどの程度効果を上げているのか、測定していく必要があります。それは、今後人事としての重要な指標（以下「ＫＰＩ」）を改めて明確にしていくことが極めて重要であることを意味しています。人事が人材を管理する指標は、大きくは２つになります。「ポートフォリオ」と「パフォーマンス」です（**図表15－2**）。

①　ポートフォリオで競合に勝つための戦力・布陣を管理する

ポートフォリオは、企業の戦力・布陣を管理することを意味します。具体的な指標としては、人件費や人件費単価、人員数、人員構成やスキルなどが挙げられます。企業が活動するためには、求めるスキルを有した人材が適正に配置、構成されていることが重要になります。またその人材を調達し、雇用していくには人件費がかかります。適正な単価で必要最低限な人数を確保することが重要になります。ポートフォリオを将棋でたとえると、将棋盤に必要な駒が、必要数、必要な場所に配置されて

図表15-2 人事が管理すべき指標（PPのフレーム）

カテゴリ・指標		解説
ポートフォリオ	総額人件費	他企業・自社の過去実績・経営計画と照らして高いか、低いか
	給与水準	社員の人件費単価は、労働市場から見て適切な水準か
	人員数	外部・自社過去・経営計画と照らして余剰しているか、不足しているか
	人員構成	年齢や職種等級などの人員構成がバランスしているか
	配置	戦略の実行力を最大化するための適材適所の配置、人材の組み合わせの状況となっているか
	スキル	戦略上必要なスキルのボリュームに過不足があるか
パフォーマンス	マネジメント	経営計画に基づいた組織目標の策定および社員への展開、指導が適切にされているか
	会社の魅力	会社のブランドや、将来性、経営者のマインド・姿勢を社員が魅力と感じているか
	職場の魅力	良好な職場環境や人間関係、ワークライフバランスが実現されているか
	仕事の魅力	担当する仕事への興味があるか
	処遇の魅力	人事制度により中長期的な成長が図れ、またインセンティブが適切に機能しているか
	健康状態	メンタル・フィジカル面での健康度合いは良好か

いる状態のことです。企業活動をする上で、競合に勝つためどう優位に戦っていくかの布陣となります。よって強い駒を相手より多く持っているほうが優位であり、作戦の選択肢も広がるはずです。

②　ますます重要になるパフォーマンスの管理

どんなに優秀な人材を調達したとしても期待したとおりのパフォーマンスを発揮しなければ意味がありません。今後多様な人材を活用していく上で、その重要性が高まりを見せているのが、パフォーマンスの管理です。

ポートフォリオを将棋に例えましたが、たとえ同じ戦力でも、その駒の進め方や陣形によって、戦況は変わっていきます。企業における人材は当然将棋とは異なってはいますが、企業がポートフォリオを適切に整備していても、人材のパフォーマンスが上がるかは、組織のマネジメントや職場環境、福利厚生、人事制度など次第で変わってきます。

パフォーマンス管理に必要な具体的な指標としては、マネジメントレベルや職場の環境、人間関係、福利厚生や制度の充実度、健康状態などが挙げられます。

パフォーマンスは売上などの定量的な情報ではなく、定性的な情報のため、収集が難しいですが、モニタリングする方法としてはいくつかあります。まず考えられるのは人事評価です。その社員が求められる成果をあげられているのか、また成果をあげるために必要だと考えられるスキルが発揮できているかです。これは、「第2部第10章　根本的に変わる評価」で記載したとおり、適切な手段で正確に測定、管理していくことが重要になります。特に重要になるのはマネジメントレベルの管理であり、外部からのアセスメントや社内における360度診断など、多面的に評価していくことが必要になります。その評価結果に応じて配置や昇格、降格を適宜実行していくことが、人事としてますます重要な役割になっていくでしょう。

また従業員のモチベーション、エンゲージメントや健康などのモニタリングも非常に重要になります。これは今までも重要な課題でありましたが、経営に寄与する施策としては、まだ取組みが不十分な企業が多い領域です。具体的には従業員にアンケートを実施し、経営やマネジメント、職場環境や人間関係、福利厚生や制度などについてアンケートをとります。現在でも多くの企業で意識調査やサーベイなどといった名目で実施していますが、これが1回きりで終わってしまい、効果検証ができていない、また定期的に実施はしているものの、具体的な改善施策に展開ができていないといったことが多くの企業で起きています。継続実施しているものの取組みが不十分な背景としては、経営や各組織を任されている管理職層のリーダーシップ不足ということもあります。さらには、各組織において具体的に取組みが展開できるように、人事がコーディネイトできていない点が挙げられます。これらについては、各組織のリーダーがそれを受け止め、現場で解決に向けて行動を起こし、結果を検証していくサイクルを設計することが重要になります。意識に関わる問題は、継続的に粘り強く対処していくことが重要になります。

3　より経営や事業推進に寄与する人事に変革する

外部環境の変化とその不確実さ、複雑さはますます高まっています。環境変化に合わせて戦略を見直し、それに必要な人材を獲得、開発しなければ、競争に勝ち残っていけません。人事が経営と一体となって、人事に関する問題を経営の問題として捉え、問題解決のために優先的に取り組む課題を抽出するには、人事管理上、把握しているポートフォリオやパフォーマンスの情報に対してＫＰＩを明確にし、より具体的に目標を持って取り組んでいくことが極めて重要になります。

会計上、売上や利益を示すＰＬ、資産や負債などを示すＢＳが当たり前に管理されています。その中で成長性や収益性、安全性など様々な分析や事業別の会計など、管理会計も発展してきました。一方で人事において、この領域の発展がまだ不十分となっています。これからの人事は、会計と同じように、ＫＰＩが当たり前のように管理され、施策の検証や経営の意思決定に活用されるようになるで

図表15-3 財務KPIと人事KPI・人事レベルの管理イメージ

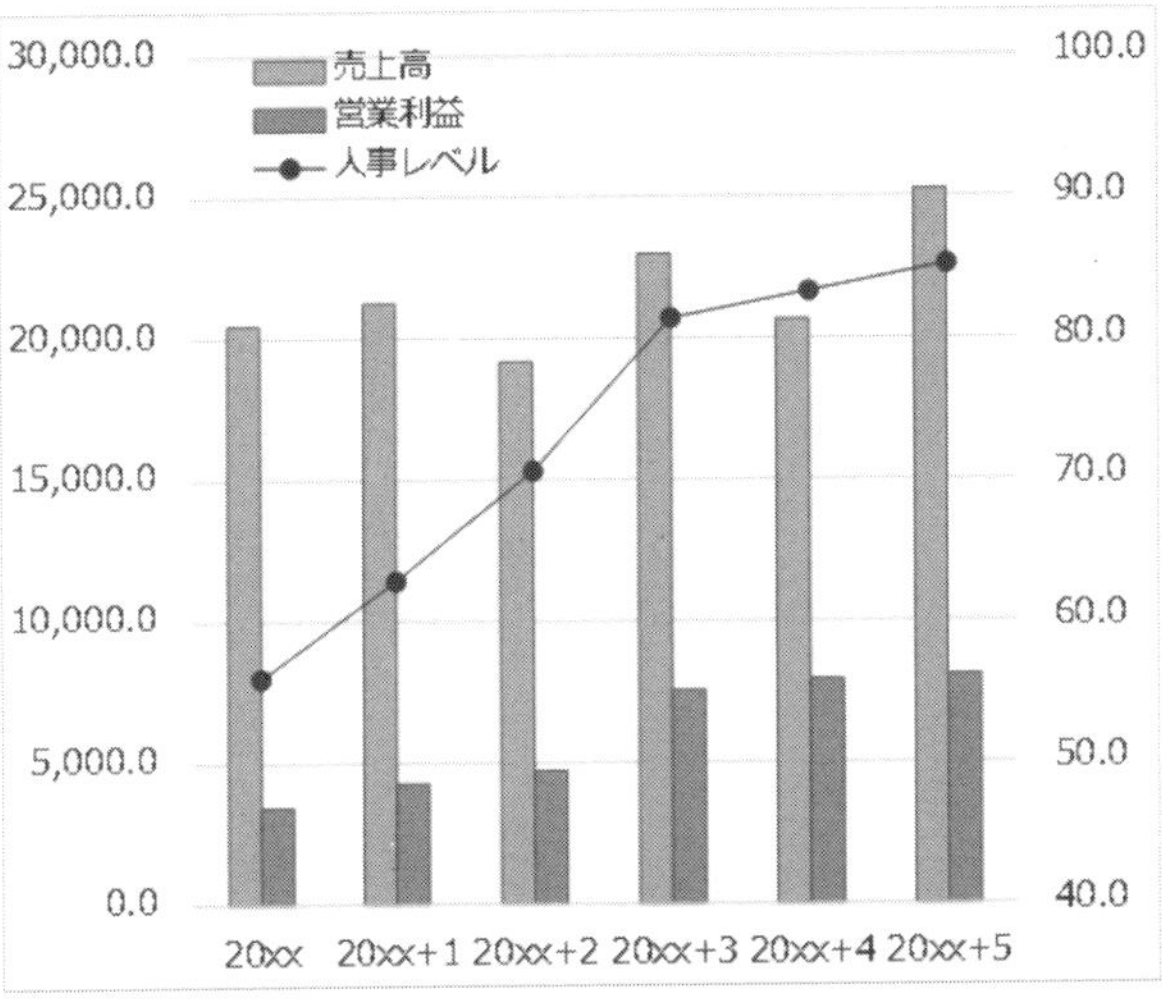

	20xx	20xx+1	20xx+2	20xx+3	20xx+4	20xx+5
売上高	20,455.0	21,273.2	19,145.9	22,975.1	20,677.6	25,226.6
営業利益	3,456.0	4,285.4	4,714.0	7,542.4	7,919.5	8,077.9
人事レベル	**56.0**	**62.9**	**70.6**	**81.4**	**83.3**	**85.2**
人件費	11.0	12.4	13.9	16.0	16.4	16.7
人員数	8.0	9.0	10.1	11.6	11.9	12.2
人員配置	9.0	10.1	11.4	13.1	13.4	13.7
マネジメント	8.5	9.5	10.7	12.4	12.6	12.9
モチベーション	7.5	8.4	9.5	10.9	11.2	11.4
コンディション	11.5	12.9	14.5	16.7	17.1	17.5
人事レベル前年比増減	**-**	**6.9**	**7.7**	**10.8**	**1.9**	**1.9**
人件費	-	1.4	1.5	2.1	0.4	0.4
人員数	-	1.0	1.1	1.5	0.3	0.3
人員配置	-	1.1	1.2	1.7	0.3	0.3
マネジメント	-	1.0	1.2	1.6	0.3	0.3
モチベーション	-	0.9	1.0	1.4	0.3	0.3
コンディション	-	1.4	1.6	2.2	0.4	0.4

しょう。

ＫＰＩが本当にＫＰＩであったかの検証も重要です。例えば、人事評価の社員の納得度がパフォーマンス評価だと思って取り組んだ結果、人事ＫＰＩが高まっても、業績が低迷し、労働生産性が低下していくのであれば、それはＫＰＩではありません。業績は様々な要因から影響を受けますが、人事ＫＰＩの信頼性を検証し続けていくことはやめてはいけません。人事ＫＰＩがより具体的で洗練され、信頼性の高い指標であるとわかった時に、企業は強みとして鍛え上げていく価値があるものを得たと考えられるからです。

また、情報管理基盤の整備も継続的に続けていかなければなりません。数値を作るのに多くの手間をかけ、情報管理自体が非効率であっては本末転倒です。いつでも目標や計画の軌道修正ができるように、ポートフォリオやパフォーマンスをリアルタイムに情報として管理できる情報基盤の整備は極めて重要です。特に、これからは多様な人材を管理していくことが想定され、様々な事業展開、権限委譲を行い、よりスピーディに事業を推進していくのであれば、人事管理の機能も強化し、各事業別のポートフォリオやパフォーマンスを正確に把握し、常に現場のマネジャーやリーダーがモニタリングできるような環境を用意することが、ますます重要な人事の役割となってくるでしょう。

人事の役割は、今までの「部分最適」「オペレーション」といった役割だけではなく、「経営視点に立った人事戦略を立案」し、「生産性にダイレクトに寄与する事業推進」にその役割を変革していくことが求められています。

参考文献

［第1章］

三菱総合研究所 政策・経済研究センター（2018）「内外経済の中長期展望 2018―2030年度」

みずほ総合研究所（2018）「内外経済の中長期見通し～2020年代、3つのメガトレンドと3課題克服で日本は1％成長～」

PWC（2017）「2050年の世界―BRICsを超えて：その展望・課題・機会」

三菱UFJリサーチ&コンサルティング（2019）「日本経済の中期見通し（2018～2030年度）～生産性向上への挑戦が続く日本経済～）」

厚生労働省（2015）『平成27年版 労働経済の分析－労働生産性と雇用・労働問題への対応―』

米国国家情報会議（編）（2013）『2030年 世界はこう変わる アメリカ情報機関が分析した「17年後の未来」』講談社

冨山和彦（2020）『コーポレート・トランスフォーメーション 日本の会社を作り変える』文藝春秋

デービッド・アトキンソン（2019）『日本人の勝算 人口減少×高齢化×資本主義』東洋経済新報社

小峰隆夫・村田啓子（2020）『最新 日本経済入門［第6版］』日本評論社

小峰隆夫（2017）『日本経済論講義』日経BP社

日本生産性本部（2019）「労働生産性の国際比較2019」

［第2章］

国立社会保障・人口問題研究所（2020）『人口統計資料集［2020年版］』

内閣府（２０２０）『少子化対策白書［令和2年版］』
内閣府（２０２０）『高齢社会白書［２０２０年版］』
河野稠果（２００７）『人口学への招待』中央公論新社

［第3章］

経済産業省「製造業を巡る現状と政策課題～Connected Industriesの深化～」
IBM CEO：Samuel F. Palmisano *The Globally Integrated Enterprise*（グローバル統合事業体：GIE）（齋藤旬訳、２００７）
「なぜ日本企業は、成長市場で勝てないのか？ グローバル化へのハードル」『ハーバード・ビジネス・レビュー』DIAMOND
https://www.dhbr.net/articles/-/1985
「真に「グローバル」な企業は、日本に3社しかない」『日経ビジネス』
https://business.nikkei.com/atcl/seminar/19/00059/060400015/?P=4
文部科学省「グローバル人材の育成について」
https://www.mext.go.jp/b_menu/shingi/chukyo/chukyo3/047/siryo/__icsFiles/afieldfile/2012/02/14/1316067_01.pdf
中村豊「ダイバーシティ&インクルージョンの基本概念・歴史的変遷および意義」
http://id.nii.ac.jp/1303/00000098/

［第4章］

経済産業省「新産業構造ビジョン　一人ひとりの、世界の課題を解決する日本の未来」
https://www.meti.go.jp/press/2017/05/20170530007/20170530007-2.pdf

総務省「２０３０年以降へのＩＣＴビジョン」
https://www.tronshow.org/2017-tron-symposium/session-pdf/ja/pdf/20171213-02-02.pdf
株式会社野村総合研究所「日本の労働人口の49％が人工知能やロボット等で代替可能に」
https://www.nri.com/-/media/Corporate/jp/Files/PDF/news/newsrelease/cc/2015/151202_1.pdf
「パンデミックの影響で「事務作業の自動化」が加速している」
https://wired.jp/2020/07/08/pandemic-propelling-new-wave-automation/
「三菱東京UFJ銀行が可能性を拡げる、金融機関でのRPA導入による業務効率化」
https://innovation.mufg.jp/detail/id=192
「三井住友銀行：生産性向上の実現に向けたRPA（Robotic Process Automation）の活用について」
https://www.smbc.co.jp/news/j601526_01.html
経済産業省「デジタルトランスフォーメーションを推進するためのガイドライン（ＤＸ推進ガイドライン）」
https://www.meti.go.jp/press/2018/12/20181212004/20181212004.html
海老原嗣生（２０１８）『「ＡＩで仕事がなくなる」論のウソ　この先15年の現実的な雇用シフト』イースト・プレス
パーソル総合研究所・中央大学「労働市場の未来推計２０３０」
https://rc.persol-group.co.jp/roudou2030/

[第5章]

内閣府男女共同参画局ホーム「男女共同参画白書 令和2年版」
独立行政法人労働政策研究・研修機構「データブック国際労働比較２０１９」
総務省統計局「統計トピックスNo.126　統計からみた我が国の高齢者―「敬老の日」にちなんで―（令和２年）」
厚生労働省職業安定局「「外国人雇用状況」の届出状況まとめ（令和元年10月末現在）」
雇用形態別雇用者数　非正規の職員・従業員割合　１９８４年～２０１９年

各年齢階級における正規、非正規の内訳　男女計　１９８８年～２０１９年
独立行政法人　労働政策研究・研修機構「早わかり　グラフでみる長期労働統計」
内閣官房日本経済再生総合事務局「フリーランス実態調査結果（令和２年）」
一般社団法人プロフェッショナル&パラレルキャリア・フリーランス協会「フリーランス白書２０２０」
中村豊「ダイバーシティ&インクルージョンの基本概念・歴史的変遷および意義」
総務省「住民基本台帳人口移動報告（令和元年）」
経済産業省「２０５０年までの経済社会の構造変化と政策課題について」
厚生労働省「平成30年版　厚生労働白書」
総務省統計局「統計トピックスNo.123 増加傾向が続く転職者の状況　～２０１９年の転職者数は過去最多～（令和２年）」

［第７章］

小寺信也・上島大和（２０１９）「企業における多様な人材の活躍」『経済財政分析ディスカッション・ペーパー』
内閣府（２０１８）『平成30年度　経済財政白書』
内閣府（２０１７）『平成29年度　経済財政白書』
前田泰信（２０１９）「働く女性の現状と課題～女性活躍の推進の視点から考える～」『経済のプリズム』No.181
パーソル総合研究所（２０２０）「開国、ニッポン！ 試される日本企業、外国人材に選ばれるにはどうするか」『HITO REPORT』vol.15
パーソル総合研究所（２０１９）「副業・兼業の光と陰」『HITO REPORT』vol.5
パーソル総合研究所（２０１９）「６４４万人の人手不足４つの解決策の提言」『HITO REPORT』vol.4
リクルートワークス研究所（２０１８）「人手不足を乗り越える」『Works』149
リクルートワークス研究所（２０１７）「フリーランスがいる組織の描き方」『Works』144

リクルートワークス研究所（２０１７）「正社員ゼロという選択」『Works』144
リクルートワークス研究所（２０１６）「人事は日本型雇用を守りたいのか」『Works』136
濱口桂一郎（２０１３）『若者と労働―「入社」の仕組みから解きほぐす―』中公新書ラクレ
濱口桂一郎（２０１４）『日本の雇用と中高年』ちくま新書

［第8章］

国勢調査
https://www.stat.go.jp/data/kokusei/2015/kekka.html
株式会社野村総合研究所「日本の労働人口の49％が人工知能やロボット等で代替可能に」
https://www.nri.com/-/media/Corporate/jp/Files/PDF/news/newsrelease/cc/2015/151202_1.pdf
「ＩＢＭのＷａｔｓｏｎが救った白血病患者の命、医師も驚いた意外な「難病の原因」とは」
https://xtech.nikkei.com/atcl/nxt/column/18/01107/112200001/
経済産業省「新産業構造ビジョン 一人ひとりの、世界の課題を解決する日本の未来」
https://www.meti.go.jp/press/2017/05/20170530007/20170530007-2.pdf
「サイボウズにおける副業（複業）の推進事例」
https://www.chusho.meti.go.jp/koukai/kenkyukai/hukugyo/2016/161226hukugyo03.pdf

［第9章］

日本経済新聞（２０１４年2月28日）「日本の管理職、年収「割安」中国・タイを下回る」
厚生労働省「令和元年　賃金構造基本統計調査」
https://www.mhlw.go.jp/toukei/list/chinginkouzou.html

「第10章」
日本の人事部「人事白書調査レポート２０２０ 評価・賃金」
https://jinjibu.jp/article/detl/hakusho/2323/

「第11章」
ICEF Monitor（２０１７）「Global MOOC enrolment jumped again last year」
https://monitor.icef.com/2017/01/global-mooc-enrolment-jumped-last-year/
Scott A. Snook, Nitin N. Nohria, Rakesh Khurana（2011）*The Handbook for Teaching Leadership: Knowing, Doing, and Being*
経済産業省（２０１７）「企業価値向上に向けた経営リーダー人材の戦略的育成についてのガイドライン」９頁
https://www.meti.go.jp/report/whitepaper/data/pdf/20170331001-1.pdf
文部科学省（２０１１）「グローバル人材育成推進会議 中間まとめ」７頁
https://www.mext.go.jp/b_menu/shingi/chousa/koutou/46/siryo/__icsFiles/afieldfile/2011/08/09/1309212_07_1.pdf

［第13章］
東京都（２０２０）『テレワーク「導入率」緊急調査結果』
https://www.metro.tokyo.lg.jp/tosei/hodohappyo/press/2020/05/12/documents/10.pdf
中野明（２００８）『ISO27001低コストで実現する情報セキュリティマネジメント』オーム社
総務省（２０１８）『テレワークセキュリティガイドライン（第４版）』
https://www.soumu.go.jp/main_content/000545372.pdf

［第14章］

経済産業省「健康経営の推進」
https://www.meti.go.jp/policy/mono_info_service/healthcare/kenko_keiei.html

日本取引所グループ「マーケットニュース　「健康経営銘柄２０２０」の公表について」
https://www.jpx.co.jp/news/1120/20200302-01.html

日本健康会議
https://kenkokaigi.jp/index.html

株式会社ローソン「社員とともに」
https://www.lawson.co.jp/company/activity/social/employee/health/

厚生労働省「平成30年　労働安全衛生調査（実態調査）結果の概況」
https://www.mhlw.go.jp/toukei/list/h30-46-50b.html

小野寺　真人（おのでら　まこと）

株式会社トランストラクチャ　パートナー

東京国際大学商学部卒業。大手アパレル会社に入社し、人事、商品企画、新規ブランド事業開発に携わった後、ファッション雑誌系ECサイト運営会社の事業責任者として、人事、ブランド開発、新規ECサイト構築をリードする。株式会社トランストラクチャに入社後はマーケティング部門に所属し、営業、Web施策の企画・開発、セールスプロモーションを主体とした業務に従事。

南城　三四郎（なんじょう　さんしろう）

株式会社トランストラクチャ　シニアマネージャー

明治大学農学部卒業。建設系専修学校にて、都市計画、情報処理関連学科の教員として、講義、学生指導を行う。その後、IT企業にて、スマートフォンアプリ、Webサービスの企画、開発を行うとともに、人材育成担当マネージャーとして社員教育に従事した後、現職。360度診断、モチベーションサーベイなど、システムの運用業務を中心に携わっている。

田頭　悠（たがしら　ゆう）

株式会社トランストラクチャ　シニアマネジャー

立教大学経済学部卒業。求人広告会社の販売支援・代理店開拓に従事後、株式会社トランストラクチャに入社。社員意識調査、360度診断といったアンケートを活用した組織・人事課題の分析や人材開発ソリューションの企画業務を行っている。

関根　愛（せきね　あい）

株式会社トランストラクチャ　シニアアナリスト

埼玉大学教育学部卒業。ウェブ広告代理店の新規開拓営業、大学受験予備校の労務管理業務に従事後、株式会社トランストラクチャに入社。コンサルティング部門でアナリストとして、組織・人事コンサルティング業務に従事。

●編著者

林　明文（はやし　あきふみ）

株式会社トランストラクチャ　会長

明治大学専門職大学院グローバルビジネス研究科　客員教授

青山学院大学経済学部卒業。デロイト トーマツ コンサルティング合同会社に入社し、人事コンサルティング部門シニアマネージャーとして数多くの組織、人事、雇用のコンサルティングに従事。その後、大手再就職支援会社の設立に参画し代表取締役社長を経て現職。この間、人事雇用に関するコンサルティングとともに、講演、執筆活動を数多く行っている。

●著者

古川　拓馬（ふるかわ　たくま）

株式会社トランストラクチャ　パートナー

法政大学大学院政策創造研究科修士課程修了。国内大手コンサルティング会社に入社し、人材開発、組織・人事コンサルティングの企画営業に従事。その後、株式会社トランストラクチャに入社し、ディレクターとして定量分析、人事基盤整備および人事制度設計等の数多くの人事コンサルティング業務に従事するとともに、講演、執筆活動（『経営力を鍛える人事のデータ分析30』（中央経済社、共著）など）を行っている。

坂下　幸紀（さかした　ゆきのり）

株式会社トランストラクチャ　パートナー

関東学院大学経済学部卒業。不動産会社および不動産コンサルティング会社において、情報戦略の策定と情報システム管理の責任者を務める。株式会社トランストラクチャにおいては、ディレクターとして組織・人事コンサルティング業務に携わるほか、プロダクト開発、社内教育に従事。

2030年の人事管理

2021年5月25日　第1版第1刷発行

編著者　林　明文
著　者　古川拓馬
坂下幸紀
小野寺真人
南城三四郎
田頭悠
関根愛

発行者　山本継
発行所　㈱中央経済社
発売元　㈱中央経済グループパブリッシング
〒101-0051　東京都千代田区神田神保町1-31-2
電話　03（3293）3371（編集代表）
03（3293）3381（営業代表）
https://www.chuokeizai.co.jp
印刷／㈱堀内印刷所
製本／㈲井上製本所

ISBN978-4-502-38371-7　C3034